# 2015－2016 年
# 北京市优秀企业家
# 北京市优秀创业企业家

北京企业联合会
北京市企业家协会   编

北 京

冶 金 工 业 出 版 社

2016

图书在版编目(CIP)数据

2015-2016年北京市优秀企业家 北京市优秀创业
企业家/北京企业联合会北京市企业家协会编.—北京:
冶金工业出版社,2016.11
ISBN 978-7-5024-7393-8

Ⅰ.①2… Ⅱ.①北… ②北… Ⅲ.①企业家—生平
事迹—北京—现代 Ⅳ.①K825.38

中国版本图书馆CIP数据核字(2016)第259153号

出 版 人 谭学余
地  址 北京市东城区嵩祝院北巷39号 邮编 100009 电话 (010)64027926
网  址 www.cnmip.com.cn 电子信箱 yjcbs@cnmip.com.cn
策  划 任静波 责任编辑 于昕蕾 李培禄 美术编辑 彭子赫
版式设计 彭子赫 责任校对 禹 蕊 责任印制 李玉山
ISBN 978-7-5024-7393-8

冶金工业出版社出版发行;各地新华书店经销;固安华明印业有限公司印刷
2016年11月第1版,2016年11月第1次印刷
169mm×239mm;13.25印张;252千字;195页
**56.00**元

**冶金工业出版社 投稿电话 (010)64027932 投稿信箱 tougao@cnmip.com.cn**
**冶金工业出版社营销中心 电话 (010)64044283 传真 (010)64027893**
**冶金书店 地址 北京市东四西大街46号(100010) 电话 (010)65289081(兼传真)**
**冶金工业出版社天猫旗舰店 yjgycbs.tmall.com**
(本书如有印装质量问题,本社营销中心负责退换)

# 编辑委员会

# 序

为贯彻落实习近平总书记提出的培养具有国际视野的企业家的要求，进一步弘扬企业家精神，推进北京产业创新升级，加快构建高精尖经济结构，在北京市经济和信息化委员会的指导下，北京企业联合会、北京市企业家协会等九家协会共同组织开展了 2015 - 2016 年"北京市优秀企业家""北京市优秀创业企业家"评选活动。

目前，北京市正以推进供给侧结构性改革为主线，以大众创业、万众创新为抓手，深入实施《＜中国制造 2025 ＞北京行动纲要》，促进新技术、新产品、新模式、新业态蓬勃兴起，带动高精尖产业成长，实现传统产业改造升级，创新发展，加速新旧动能转换，培育高精尖经济结构。

企业家是企业的统帅和灵魂，是改革创新的重要力量，也是北京构建高精尖经济结构的主力军。长期以来，北京经济和信息化的建设发展、产业的创新升级，凝聚了广大企业家的智慧和汗水，推动了北京的发展与繁荣，也"造就一大批德才兼备、善于经营、充满活力的优秀企业家"。通过此次评选活动，展现了新时期北京整体企业家队伍的风貌，展现了真正的企业家所具备的优秀能力和素质。

真正的企业家具有预见性与敏锐的感知力，他们不会沉迷于过去的辉煌之中，不会只关注眼前，而是更多着眼于未来，在未雨绸缪中抢占先机。预见性与感知力决定了优秀企业家能够在别人熟视无睹的信息中发现机会。

真正的企业家具有风险意识与决断力。善于规避风险，谨慎的思考之后能够果断的做出决策，是优秀企业家的重要素质。

真正的企业家具有使命感与驾驭能力。使命感帮助企业家突破个人利益对自身视野的束缚，让他们可以从整个团队甚至整个社会的视角去看待和思考问题。使命感是帮助企业决策者完成从商人升华到企业家的关键一步。驾驭能力要求企业家有很强的沟通、协调能力。

　　真正的企业家具有道德力量和个人品质魅力。道德力量决定了事业发展的层次、规模和生命力。个人品格魅力决定了企业家能够聚集多少人才与他一起实现事业目标。

　　希望通过这项活动的开展，在北京有更多优秀（创业）企业家脱颖而出，促进大众创业、万众创新开展，加快产业转型升级，为北京构建高精尖经济结构，加快建设国际一流的和谐宜居之都做出新的贡献。

张伯旭

2016 年 11 月 14 日

# 前　　言

　　历届"北京市优秀企业家和北京市优秀创业企业家"评选活动得到了市政府及相关委办局的大力支持。此项评选活动自 2002 年开始已经进行 14 年，今年是第 12 届，受到社会各界的广泛关注。

　　《北京市优秀企业家　北京市优秀创业企业家》收集了 95 位 2015－2016 年北京市优秀企业家和北京市优秀创业企业家的事迹，记录了他们的创新创业先进事迹、成功经验及突出贡献，给我们留下了宝贵的经验和启示。这些企业家们贯彻落实习近平总书记提出的关于京津冀协同发展的国家战略；牢固树立创新、协调、绿色、开放、共享的发展理念；积极推进大众创业，万众创新的发展战略；落实北京市政府提出的持续推动制造业转型升级，加快构建高精尖经济结构，建设宜居北京的要求。在坚持创新驱动，推动企业技术和管理创新，重视能源节约和环境保护，促进绿色发展以及积极履行社会责任等方面做出了优异成绩。他们反映了北京市企业家的精神面貌，体现了企业家勇于创新、争创一流、艰苦奋斗、敢于奉献的精神。

　　希望通过编辑此书，大力宣传北京市优秀企业家和北京市优秀创业企业家，弘扬企业家精神，激励广大企业家为北京市经济发展做出新的更大的贡献。

编　者

2016 年 10 月 10 日

# 目　录

# 扎根首都沃土　书写金融传奇
## ——记北京银行行长张东宁

## 企业家档案

张东宁，男，1960年出生，中国共产党党员，厦门大学管理学硕士。现任北京银行行长，中国中小商业企业协会副会长，亚太经合组织（APEC）中国工商理事会理事。张东宁行长具有近30年金融从业经验，在1996年北京银行成立之初即加入北京银行，历任人力资源总监、上海分行行长、北京银行副行长。2013年8月起正式担任北京银行党委副书记、行长。曾荣获2015年度"中国企业十大人物"、2015～2016年度"全国优秀企业家"等荣誉称号。

今年是北京银行成立20周年。20年来，在张东宁的全程见证和全力推动下，北京银行经历了从死到生、由小到大、由弱变强的艰难历程，成长为首都金融业的一张靓丽名片，创造了中国金融史上的一段发展传奇。特别是自2013年出任北京银行行长以来，张东宁带领北京银行进一步加快改革创新、转型升级的步伐，在市场化竞争的道路上披荆斩棘、一往无前，实现了发展水平的跨越式、全方位新提升。

我国城市商业银行发展基础普遍比较薄弱，创业历程可以用"平地起高楼"来概括。北京银行发展历程则更为艰难，创业征程也更为艰辛，可以说是在一个"火坑"中浴火重生。在1996年组建之际加入北京银行的张东宁对此更是深有体会。在各个重要岗位上，他始终敢于担当、兢兢业业，为北京银行实现平稳转归过渡、化解高达67亿元的历史遗留不良资产、开辟创新发展的经典模式，做出了突出贡献。

在张东宁的科学领导下，北京银行扎根首都沃土，积极服务"国际一流的和谐宜居之都"建设和"四个中心"打造，为首都重点建设领域、重大项目注入资金超3万亿元，累计上缴税收超600亿元，同时探索形成了"科技金融""文化金融""绿色金融""惠民金融"等鲜明的服务特色。比如，在首都北京为 10 万家中小微企业提供金融服务，每 4 家小微企业就有 1 家是北京银行的客户。科技金融方面，在中国银行业第一家成立"创客中心"，服务首都 90% 的创业板上市企业、75% 的中小板上市企业、55% 的"新三板"挂牌企业。文化金融方面，在国内第一家支持文化创意企业发展，仅在北京地区就发放文创企业贷款近千亿元。绿色金融方面，第一家与国际金融公司合作开展能效融资项目贷款，绿色信贷余额超过 300 亿元。惠民金融方面，累计发行社保卡 1694 万张、"京医通"卡 430 多万张，实现首都居民看病就医"一卡通"。

目前，北京银行表内外总资产达到 2.6 万亿元，净资产超过 1200 亿元，创造了"20 年增长 100 倍"的发展奇迹。去年实现净利润 169 亿元，人均创利 122 万元，成本收入比 25%，成为中国人均创利能力突出、经营管理绩效卓越的上市银行。今年 6 月 30 日，英国《银行家》杂志发布全球千家大银行年度最新排名，北京银行按一级资本排名第 77 位，位居首都金融业第一，在全国数百家中小银行中遥遥领先，打造了中国中小银行创新发展、走向全球的国际化优秀品牌。

同时，在张东宁的带领下，北京银行积极践行社会责任，在医疗、教育、慈善、赈灾等方面向社会累计捐助超过 1.5 亿元，荣获"中国社会责任优秀企业""中国优秀企业公民"等称号。

# 国企先锋——创新开拓弄潮人
## ——记北京城建八建设发展有限责任公司
## 总经理、党委副书记戚涛

## 企业家档案

　　戚涛，男，45岁，中国共产党党员，毕业于河北建筑工程学院，大学本科学历，高级工程师、一级建造师，全国优秀项目经理，市国资委系统优秀共产党员。现任北京城建八建设发展有限责任公司总经理、党委副书记。

　　戚涛于1993年大学毕业后加入北京城建集团，从一名技术员成长为集团旗下全资子公司，北京城建八建设发展有限责任公司（以下简称"八公司"）的掌舵人。无论是在施工一线还是身居高管，他用自己勤奋扎实的态度、细致果敢的决策，雷厉风行的作风和平易近人的品行征服了企业、合作伙伴和职工，逐渐成长为兼具深厚专业功底和先进管理理念的优秀企业家。

　　他带领团队一次次攻坚克难、苦练内功，创优创杯拓市场、做精做细办企业，在担任八公司总经理近三年的时间里，企业经营生产总值连续取得突破性增长，职工人均收入每年递增12%，2015年人均收入突破11万元，位列北京城建集团施工板块前列。2015年和2016年，戚涛连续两年被推荐为"国企楷模　北京榜样"候选人。企业荣获"全国模范职工之家""北京市职工之家""首都精神文明单位"和"北京市安康杯竞赛优胜单位"，连续三年获得"北京市和谐劳动关系先进单位"等多项国家级、市级荣誉。在京津冀协同发展的大环境下，公司成功参与城建集团中标的大兴新机场工程及北京市政府通州办公楼工程，为非首都功能疏解做出了贡献。

### 驱陈疴力解千丝结

　　八公司由原北京城建戎泉公司、北京城建建设第一项目管理公司重组而成。由于历史原因，债权债务盘庚交错、管理费用增减、授权委托变更及玉泉路拆迁腾退等遗留问题，成为了企业发展的"绊脚石"。戚涛新官上任后的第一把火就对准了一项项错综复杂的历史遗留问题。他采取尊重历史、实事求是的态度，带领班子成员集中调研、集体决策，敢于担当，共清理遗留工程百余项，审计工程总额近 30 亿元。企业抗风险的能力大大增强，在发展的道路上呈现出一派勃勃生机。

### 拓市场不惧万事难

市场是企业赖以生存的生命线，为了开拓市场，戚涛一心扑在了市场营销上，节假日出差加班更是家常便饭，曾经创出 1 个月往返青岛十余次的记录！他要求全员树立"大甲方、大业主、大市场"的思想，提出"53 原则"。在他和营销人员的不懈努力下，企业的市场营销额连续三年稳中有升，实现历史性突破。从 2013 年市场营销 12 亿元，到 2015 年市场营销达到 23.3 亿元的历史新高。

### 新思维引领创新力

在企业状况明显改善之后，戚涛强烈意识到，管理创新是夯实企业发展的基础。面对大数据时代的新趋势，他把信息化作为提高企业管理水平的重要手段。2014 年 8 月，他亲自主持启动公司信息化系统建设，并担任领导小组组长。这项投资百万的工程目前已完成第一阶段的既定任务，并且在设计初期就将"营改增"和"内控体系"同步并轨启动。通过与兰格电商合作，率先在北京城建集团内部实现大宗物资互联网采购，大大降低了采购成本，钢材直降 240 元/吨，仅此一项就节约成本 450 多万元，确保了阳光高效，开创了反腐倡廉新通道。与此同时，他提出了培养"三种精神"、提升"五种能力"、善用"五种思维"的管理思维新模式，撰写了《赢在战略》的学习论文，把新理念根植于企业发展的各环节。

### 赤诚心满洒帮扶路

作为国有企业的当家人，戚涛十分重视企业所承担的社会责任。近年来，在他的领导下，八公司勇挑重担、迎难而上，承建了东坝福润四季保障房、房山 7.21 洪灾青龙湖安置房等一大批承载民心期待、党和政府重托的工程，践行着国有企业的使命与担当。2015 年 12 月，在党中央全面实施精准扶贫之际，公司积极选拔推荐企业中层业务骨干至平谷区刘家店镇行宫村担任第一书记，与行宫村进行对接帮扶。作为帮扶小组的副组长，戚涛深觉自己身上责任的重大，通过与困难家庭建立紧密联系，为村民们带去切切实实的实惠。

### 谋发展再谱新篇章

2015 年末，戚涛主持编制了企业《"十三五"发展规划》，确定了到 2020 年把公司建成"诚信、高效、精干、和谐，在北京市同行业中处于领先水平的现代信息化国有中型建筑企业"的总体定位。他深知只有不断增强市场驾驭能力、创新发展能力、依法治企的能力和服务职工群众的能力，不断保持企业稳定发展的局面，增进职工福祉，才无愧于心。

从走出学校大门到如今 20 多年的人生岁月，弹指一挥间。这 20 多年，戚涛把最宝贵的青春岁月和无尽梦想献给了他挚爱的事业。他的责任与担当、胆识与魄力、执着与无私，不愧为新时期的企业引路人。

# 精益求精，谱写铁路企业安全经营新篇章
## ——记北京铁路局丰台车辆段段长张书和

## 企业家档案

张书和，男，汉族，1957年5月出生，中国共产党党员，硕士研究生学历，正高级工程师。大学本科毕业于河北科技大学自动化专业，并于长沙铁道学院机辆专业在职学习取得工学硕士学位。南开大学工商管理硕士学位。现任北京铁路局最大的铁路货车车辆检修企业丰台车辆段段长，火车头奖章获得者。

张书和段长秉持"精益求精，和衷共济"的管理理念，以"兢兢业业，克己奉公"的职业道德，赢得了各级领导、广大干部职工及社会人士的一致好评，2013～2015年连续三年获得北京铁路局优秀企业管理者称号。

### 严格管理，高标履责，全力确保安全生产

张书和段长带领丰台车辆段深化安全风险管理体系建设，深入开展安全大检查活动，持续提升检修、设备质量，构筑了以安全文化为灵魂的安全管控体系，截至2016年8月31日18：00，实现连续安全生产1955天，连续五年实现了安全年，创造了这个大型铁路运输检修企业安全生产历史新纪录。

### 适应形势，多措并举，全面加强经营管理

张书和段长以出色的经营管理能力，准确把握新形势，主动适应新常态，用管理创新促发展，用科技创新创效益，用群众性创新提效益，积极克服因国内外经济形势和京津冀协同发展带来的货车车源不足等诸多困难，积极争取自备车外围市场，充分挖掘内部市场，圆满完成了检修任务，取得了经营管理和安全生产双丰收。仅2015年实现其他业务收入7192万元，超计划18.9%；实现运输其他业务综合创效684万元，超计划3.6%，较好地完成了既定的盈亏指标。

### 文化兴段，以德治企，创新企业文化建设

由单纯依靠行政手段严管强推的"人治"和单纯依靠规章制度强基达标的"法治"来保安全谋发展，向以文化为导向、以文化管理为核心的"德治"转变，发挥文化建设的激励、凝聚、约束作用，解决地域、人文、管理中出现的各种问题，在提高员工的综合素质、启发员工的内在觉悟、调动员工的积极性上下工夫，体现事半功倍的工作效果，以深化企业安全文化建设为载体，坚持"以人为本、文化兴段、管理强段"的思路，深入推进丰台车辆段的安全稳定和谐发展，带领全段广大干部职工向着"打造中国铁路一流货车车辆段"的共同愿景而努力奋斗。近年来，以交替举办"文艺年"、"体育年"为载体，努力满足职工的精神文化需求，打造出了威风锣鼓队、职工军乐团、职工合唱团等多支在全局叫得响、立得住、声誉好的职工文体品牌队伍。

### 以人为本，关爱职工，严格履行社会责任

重点改善"小、偏、远"作业场和岗点职工的生产生活条件，扎实推进"四小"建设，着力解决职工生产生活等方面存在的问题。积极走访慰问困难职工和劳模先进职工家庭，积极开展为一线车间、班组职工送温暖、送凉爽、送健康活动。建立健全了能源消耗目标责任制和评价考核体系、环境保护体系且通过第三方认证，并在吸纳就业、落实职工权益方面积极开展工作，不断盘活现有人力资源。积极上缴利税，2013～2015年纳税额在丰台区名列前茅。

### 取得丰硕成果

近年来，丰台车辆段被授予全国五一劳动奖状，先后荣获2013年全国"企业文化建设百佳单位"荣誉称号，2008～2013年度北京铁路局十大"创新工作先进单位"称号，2014年丰台车辆段被授予全国"企业文化建设先进单位"、北京市企业文化建设示范单位、北京铁路局企业文化示范单位等，2015年4月又荣获"全国安全文化示范企业"称号，2012～2015年连续四年被授予局级"'十二五建功立业'先进单位"荣誉称号。

张书和段长数十年如一日，兢兢业业，精益求精，团结带领丰台车辆段取得了有目共睹的丰硕业绩，谱写了铁路企业安全经营发展新篇章！

# 躬身践行，扎根企业　转型提升，引领发展
## ——记北京铜牛集团有限公司党委副书记、总经理贾晓彬

## 企业家档案

贾晓彬，男，43 岁，中国共产党党员，毕业于北京理工大学，并取得中国人民大学工商管理专业研究生（硕士）学历。2004 年加入铜牛集团，先后出任铜牛集团销售分公司副总经理，集团总经理助理、副总经理等经营管理职务。自 2012 年 8 月以来，任铜牛集团总经理、党委副书记。

贾晓彬同志具有较强的政治理论基础和较为丰富的国企管理经验，组织领导能力较强，勇于改革，积极推动建立和规范现代企业制度，深入推进铜牛集团的转型升级。

（1）积极推进战略、管理、文化"三位一体"的企业经营管理体系，积极推进企业调整，完成企业经营目标指标。为适应经济发展新常态，"十二五"期间，与集团公司领导班子一起实施了：铜牛制衣公司由生产型企业向现代物流基地的转型；铜牛股份公司制造业务全部退出并启动向科技文创园区的转型升级；铜牛信息公司正式登陆全国中小企业股权转让报价系统"新三板"；退出了铜牛服装公司的生产环节等调整发展重点工作，基本完成了北京区域内服装制造业务的战略性退出和梯度转移，在河北、山东、东南亚等地建立了科研与生产基地。实现了铜牛品牌和贸易规模的稳定和提升发展，培育了以铜牛信息科技为代表的战略性新兴业务，增强了企业核心竞争力。通过持续的"有进有退"，优化业务和产业链结构，紧跟首都功能定位要求，立足品牌驱动和创新，全面实现了"十二五"规划目标。

（2）全力维护集团发展根基，树立品牌意识，铜牛制造的高品质声誉成为铜牛品牌和贸易业务的重要基础。加强铜牛集团企业品牌建设，推进铜牛制造和铜牛服务品牌建设，确保品牌声誉的可持续传播。铜牛荣获"中国名牌""中国驰名商标"称号，铜牛内衣连续三年荣列全国针织品牌内衣市场

同类产品销量和市场综合占有率前五名；以铜牛信息、物业等为代表的服务品牌也得到了发展。加强与中国航天员中心、北京服装学院等单位的研发合作，在专利、专有技术等方面取得了长足的进步，科技创新成为了品牌和贸易发展的驱动。

（3）开放思路，深化改革，推进了管理创新工作。在管理上，加大了用人机制创新，凝聚了人才团队，推进了调整转型和发展工作；以市场为标准，推进了非经营性资产经营化管理；强化运营风险管理工作，建立了集团公司法律资源共享平台；注重团队建设和文化建设，凝聚了"我是铜牛人，我有铜牛梦"的共识，在企业内部形成了团结和谐、积极向上的文化氛围。铜牛集团荣膺"中国纺织十大品牌文化"称号、北京市"模范职工之家"、"北京市和谐劳动企业"等荣誉。

（4）结合首都功能定位，热衷公益事业，不懈履行社会责任，为北京市经济建设和社会发展做出积极贡献。主动完成了铜牛股份公司制造业的退出，为首都蓝天计划做出了贡献；热心公益事业，积极参与扶贫助困捐助活动；积极上缴利税，在调整转型的困难时期仍然实现连续三年增长。

贾晓彬同志作为铜牛集团总经理，与领导班子一起顺应经济发展的新常态，推动企业的结构调整，着力发展品牌服装业务，加快发展以信息科技和文化创意服务为基础的都市服务业。勤勉敬业、无私奉献、严于律己、以身作则、敢于管理、勇于创新，为中高层管理人员及广大员工做出了榜样。在他及领导团队的影响和带领下，铜牛集团干部员工团结协作、爱岗敬业，圆满完成了各项工作任务，铜牛集团踏上了转型改革和升级发展的新征程。

# 风满征帆破浪行

## ——记北京国电通网络技术有限公司董事长、党委书记王立涛

## 企业家档案

王立涛，男，1963 年 1 月出生，山东省安丘市人，中国共产党党员，毕业于天津大学，硕士学历，硕士学位，教授级高级工程师。现任北京国电通网络技术有限公司（以下简称国电通公司）董事长、党委书记，云计算开源产业联盟副理事长，中国电力发展促进会智能用电产业联盟副理事长，管理科学与工程学会工业工程与管理研究会理事。曾获"吉林省电力有限公司科技进步一等奖""四平市劳动模范""国网信息通信产业集团有限公司科学技术进步奖二等奖"等荣誉称号，其发表的《含多种分布式电源的微电网控制系统研究》被评为 2013 年电力行业信息化年会优秀论文。

王立涛同志就任国电通公司董事长以来，紧密团结所有班子成员，带领全体干部员工，超常努力，以公司核心能力提升为主线，全力推进市场创收和业务拓展，深化完善内部管理体制机制，提升经营发展质量，确保公司向着"高效、和谐、文明"的现代化企业迈进。

在王立涛同志的带领下，国电通公司构建了以信息通信为基础，以智能电网、能源互联网为重点，以创新技术应用为支撑的"3 大板块 + 1 大支撑"业务格局，承担了多项国家重大专项、"973"项目、"863"计划等国家级重点科研项目；参与制定智能电网、电动汽车相关企业标准和国际标准规范；针对带动性强的重大战略性项目，实行领导班子成员带头责任制，强化内外部优势资源整合。积极推动公司商业模式创新，为有效解决网省公司资金计划难以列支等问题，公司积极探索以租代购，实现业务发展新突破。

王立涛同志始终秉持"以科技创新驱动产业发展"的经营理念，依托技

术创新和产品创新，不断培育和打造核心竞争力。为提高企业的自主创新能力，成立"院士工作站"、"电网云技术实验室"等科技创新平台，与华北电力大学、西安电子科技大学等院校建立了产学研合作关系，大力引进博士、硕士、高工等各类高级科技人才，增强公司科技创新能力。顺利通过 CMMI5级 A 类评估，完善研发体系建设，实现研发管理水平大幅提升。

王立涛同志深知：人才是企业活力之源。他积极推进职业通道建设，搭建多通道职业发展平台；完善内部员工交流机制，培养复合型人才。同时，面向社会广纳贤才，大力开展多渠道人员选聘，优化人才培养开发体系，以此注入新鲜血液充实员工队伍；对员工实行人性化管理，不但对全体员工每月定期发放餐饮补助、通信补助、交通补助，逢节假日还向员工发放工资福利，免除员工后顾之忧。

同时，他重视加强企业文化建设，以"诚信、责任、创新、奉献"为核心价值观，以"以人为本、求真务实、创新卓越、合作共赢"为企业理念的公司文化体系，先后带领公司荣获了首都文明单位、海淀区精神文明单位、中关村高成长企业 TOP100、北京诚信创建企业、北京市企业评价协会科技创新奖、中国软件和信息服务业企业信用评级 AAA 级、中国通信网络运维商百强等近 30 项荣誉。

风满征帆，破浪有时。在王立涛同志的带领下，国电通公司 2015 年实现营业收入 30 余亿元，营业规模连续 4 年实现 20%以上增长。良好的发展势头坚定了王立涛同志作为领航人发展事业的信心，同时也倍感责任和使命重大。"成功只代表过去"，在这样的座右铭下，自信的王立涛同志继续在新的起点上扬帆远航，为形成公司在智能电网建设领域的核心竞争力、不断增强公司的行业影响力贡献力量。

# 胸怀四海，开拓中国营养产业的现在与未来
## ——记北京四海华辰科技有限公司董事长兼总经理李利明

## 企业家档案

李利明，男，47 岁，中国共产党党员，博士，高级工程师（教授级），中国疾控中心营养与健康所博士后。2010 年创立北京四海华辰科技有限公司，任董事长兼总经理。入选"2016 年度科技北京百名领军人才培养工程"，并被评为"中关村高端领军人才"。

本着为中国人提供专业的营养解决方案，让每一个中国人都能成为生命营养与健康管理受益者的愿景，2010 年底，李利明注册成立了北京四海华辰科技有限公司。经过 6 年的发展，四海华辰成功研发出多款体成分分析设备和多元产品线，建立起全球最大的食材数据库、膳食结构数据库、人体成分数据库，架构起从线下产品到线上应用，从硬件设备到云数据软件应用，从身体检测到干预方案充分闭环的企业生态系统，构建起全人群的营养健康管理生态圈。2013 年四海华辰荣获双软企业认定证书及国家级高新技术企业认定证书。2014 年 10 月被认定为北京市级企业科技研究开发机构。

四海华辰自主研发的多款适用于孕妇的个体营养检测分析仪是国内首创，获得国内外临床、营养界专家的肯定，产品被国内医院广泛采用。个体营养检测分析仪的应用降低了中国剖宫产率和巨大儿出生率，提升了医院妇产科诊疗水平，加快和推进了医院营养科室建设。目前产品遍及全国 2000 多家医院。四海华辰各产品在全国各大医院的普及，有利于提高营养检测的普及率，降低国民营养检测缺失而导致的各类营养性疾病（如糖尿病、高血压等）的产生，进而全面提高我国营养检测的水平，提高国民人口素质。

四海华辰科技有限公司拥有强大的科研和市场营销能力，在全国拥有员工近 300 人，其中博士、硕士人数占比达 20% 以上，吸纳和聘用了众多国内外顶级专家人才。四海华辰与中国营养学会发起大型营养师培训工程——十

万人营养培训计划，建立了中国强大的专业营养师团队，拥有专业营养师 5000 余人，建立起一支专业性强、人员庞大的营养师队伍。

　　李利明积极投身社会公益活动，2013 年被中国妇女发展基金会授予"母亲健康快车"项目十周年支持奖。2014 年被宋庆龄基金会授予"感谢奖"。2015 年被伊甸社会福利基金会授予感谢奖。先后历任山西省第九届、第十届政协会员，共青团山西省委青联委员。现任宋庆龄基金会理事、中国妇幼保健协会理事、中国营养学会营养大数据委员会委员等职务。

# 汽车行业领军人
## ——记北京庆洋集团董事长郝晓红

## 企业家档案

　　郝晓红，男，58 岁，毕业于北京化工大学，本科学历，现任北京庆洋集团董事长。

　　北京庆洋集团进入汽车行业足足 27 年。

　　1989 年改革开放以后，郝晓红先生居住在北京市延庆县，在那时延庆及周边缺少汽车车辆检测厂，延庆县及临近的昌平居民的近万辆车辆要到北京或清河一代对车辆进行检测，延庆四面环山交通不便利，到达最近的检测厂也要一百余公里才能到达。当时郝晓红先生经营着一家小型私有的汽车修理厂，为解决广大居民车辆检测交通不便利及路途遥远的问题，组织厂内管理层及员工到深圳学习检测技术，同时自己投资购买检测设备，积极配合当地车管所及交管局工作，严格按照国家对检测场的技术要求，终于在 1990 年成功建立延庆县检测场。建厂后郝晓红先生精心经营检测厂不断向当时最完善且设备齐全的国企检测厂学习新技术，培养技术工人，为广大客户服务。郝晓红先生是当时改革开放后机动车检测场私营企业第一人，为当地及周边县城车辆检测提供了便利的条件。

　　1993 年在董事长郝晓红先生的带领下，组建强大管理团队，招聘纳贤成功建立了一家大规模车辆维修服务修理厂，经历 4 年的洗礼与磨练在 1997 年我们正式进入一汽－大众售后服务网络，秉承大众"严谨就是关爱"的服务理念开启大众服务之旅。1999 年公司董事长郝晓红先生决意投资 700 多万建立北京庆洋自动变速箱维修中心，在郝晓红先生的正确管理与指引下，公司各板块管理层及员工兢兢业业紧密配合，顺利于 2000 年 3 月被一汽－大众正式授权为国内唯一一家自动变速箱再制造定点单位。且在 2007 年被德国 ZF 集团授权北京庆洋自动变速箱维修中心，为 ZF 集团轿车自动变速箱北京指定代理商。

　　自 2007 年至今，董事长郝晓红先生在丰台区及大兴区经营板块有两家一汽－大众品牌 4s 店北京庆洋汽车服务有限公司和北京庆洋惠众汽车服务有限公司、一汽－大众奥迪品牌 4s 店北京安洋伟业汽车销售服务有限公司、拥有员工 600 余人。庆洋商标于 2000 年在国家工商行政管理局商标局注册，有效期至 2020 年。北京庆洋公司成立于 1993 年。

　　北京庆洋集团在董事长郝晓红的带领下，始终秉承修好车、服好务、做好人的原则，为广大客户提供高品质服务，以"打造一流汽车企业"为愿景。在汽车行业获得了多项殊荣，所经营的汽车板块是目前一汽－大众用户保有量最多的企业，且连续多年被一汽－大众评为最佳经销商荣誉称号。"追求卓越，挑战自我，注重细节，不断开拓"已经成为了员工贯彻的企业精神。

# 梧桐有愿　凤凰来栖
## ——记华龙航空领航人张扬

## 企业家档案

　　张扬，男，40 岁，中国共产党党员，现任华控产业投资基金董事长兼首席执行官，北京华龙商务航空有限公司董事长。南开大学经济学学士、阿斯顿（英）大学金融学硕士、中国社会科学院金融学博士、特华博士后工作站金融学博士后。曾任清华控股有限公司总裁助理，中国社科院金融研究所副研究员。

　　张扬长期专注私募股权投资领域，2008 年创建华控基金，目前管理规模超过 100 亿元，旗下近 20 只基金，涉及创投基金、PE 基金、产业投资基金以及并购基金；迄今所有基金年化收益率均超过 100%，名列行业前茅。

　　2013 年，在经过深度考察及调研后，华控基金正式进入航空领域创建华龙航空，目前公司机队规模达到 30 架，短短 3 年时间跃居至国内第三大公务机运营商。2014 年组建了中国企业家飞行俱乐部，成为国内首家具有国际旅行社资质的公务航空公司。

　　（1）构建北京香港"双基地"运营优势，可以管理运营境内外所有地区注册的公务机。2014 年 11 月华控基金于中国珠海航空展会宣布并购运营基地位于香港的中国商务航空管理有限公司（SINO JET），这是中国公务航空领域的首次跨境整合。

　　（2）打造"飞机托管、自有包机、环球旅行"三位一体、互为支撑的完整业务体系。2014 年初，旨在为中国高端圈层人士量身定制，集"公务机飞行"、"环球旅程"、"精英圈层"三位一体的中国企业家飞行俱乐部正式宣告成立。2015 年 7 月并购拥有近 20 年高端定制经验的皇家假期旅行公司，2015 年 8 月成立十年环飞商学院，2015 年年底并购远东航空服务公司，完成公务航空产业从飞行到地面的全产业链服务布局。

（3）宣传塑造华龙航空、GEOSTAR 全新品牌形象。2015 年 4 月，公司全新设计品牌更名为华龙航空，运营基地扩大至北京、香港、澳门、杭州、深圳和上海。业内首创"天地服务一体化"，提供一站式管家服务，令客户真正体验安全、高效、舒适的空中之旅。

（4）获得国际组织的最顶级安全认证，让客户放心出行。引进了业内最顶级的 ARINC 飞行数据记录系统，并荣获业内最高等级安全认证——国际公务机运营标准（IS – BAO），极大提升了公司的安全保障标准。

（5）打破传统公务机运行控制的理念和严格的部门界限。业内首创一体化运营中心，实现运控、维修、飞行、乘务多部门集中协同办公，极大降低了沟通成本，提高了公司的运营效率。

（6）成功引入阳光保险的战略投资。2015 年底，成功引入阳光保险数亿元投资：一方面是阳光保险对华龙航空优异表现的认可，另一方面将在品牌影响、客户资源、产品设计等多方面推动公司快速成长。

（7）持续增长的业绩表现和精英团队。截至 2015 年年底，华龙航空的总资产已从 2013 年的 2.01 亿元增长至 3.78 亿元，营业收入从 3065 万元跃升为 2.85 亿元，利润总额从 – 7654 万元增长至 893 万元，员工人数增长近 3 倍。

华龙航空在张扬董事长的带领下，未来将持续沿着产业上下游深入布局，以昂扬的姿态迎接行业高速发展的时代机遇！诚信务实，追求卓越，安全至上，服务为先，张扬正带领着全体华龙人秉承目标与使命，一步一个脚印，书写着更多精彩的篇章。

# 崇尚和实践创新之行

## ——记北京市首发天人生态景观有限公司董事长王英宇

## 企业家档案

王英宇，男，汉族，1963 年 12 月出生，北京人，中国共产党党员。本科学历，中国人民大学贸易经济专业毕业，园林景观建筑施工高级工程师。现任北京市首发天人生态景观有限公司（以下简称"首发生态公司"）董事长，中国水土保持学会工程绿化专业委员会常务理事、交通部交通环境保护标准化技术委员会委员、北京公路学会理事、北京屋顶绿化协会副会长、北京市人事局评标专家、北京林业大学工商管理硕士（MBA）校外导师等。

王英宇董事长始终带头秉承和践行"扬弃惯性、超越自我"的创新理念，构建了集管理创新、技术创新两个维度，领导层、中层、员工层三个层面，领导引领、组织推动、员工协同、专家指导、合作联盟等多种措施的"2＋3＋N"全员创新管理体系，他指出："抓创新就是抓发展，谋创新就是谋未来，创新不是空话，它无处不在，无时不有，它存在于我们工作、生活中的每个层面。创新实际就是思想解放问题，要突破原有、禁锢的思想，破除旧观念、传统模式，改变阻碍事业发展的突出问题，推动体制、机制、制度的建设。发展的本质就是创新，创新是发展的根本动力，我们要用创新驱动二次创业，在创新中求发展，共同实现首发生态梦"。

他带头践行"科技创新绿色价值"理念，积极投身技术创新项目。先后主持 2011 年高速公路岩石边坡绿化养护技术研究（道桥、养护工程技术类）、2011 年高速公路大型桥区绿地雨水收集系统关键技术研究（道桥、养护工程技术类）、2012 年高速公路岩体绿化养护技术规范实施效果评测与完善（工程建设、养护工程类）等科研项目。主持研究绿地废弃物再利用，通过将现有园林废弃物进行深加工循环利用，创制新型低碳环保、耐老化、耐腐蚀、高强度的高速公路木质复合方砖、防眩板及木质复合育苗保护毯等新材料，目前已取得《防眩板》实用新型专利一项；以现有绿地废弃物为主要材料，采用新型工艺，研制可降解的生态环保型保育块，用于岩体坡面容器苗使用。主持与中国林科院、北京水科学研究院等合作开展了毛白杨无性系选优、裸露坡面植被修复、节水灌溉、反季节施工、屋顶绿化、保水营养土等课题研究，先后获得国家"863"重大专项、国家级、市级科学技术等奖项。其中：裸露坡面植被恢复综合技术研究获国家科技进步二等奖及北京市科学技术一等奖；北方半干旱都市绿地灌溉区节水综合技术体系集成与示范区建设获北京市科学技术二等奖；北京地区毛白杨基因库建立及优良无性系选择与组合繁殖研究获北京市科技进步二等奖；高速公路岩石边坡绿化养护技术研究获北京公路学会科学技术二等奖。作为主要起草人和负责人，编制完成了《北京市高速公路边坡绿化工程设计、施工及养护技术规范》地方标准；作为参编人员完成了《北京市屋顶绿化规范》修订工作；作为主要起草人和负责人组织编制国家林业行业标准《北方地区裸露坡面植被恢复技术规范》。

他十分注重用文化来培育企业情感，构建起了"绿树哲学"的特色企业文化，用实际行动诠释着"感恩、担当、创新、共赢"的企业核心价值观，企业的自身竞争优势得到全面快速提升。站在新起点上，首发生态将顺应社会需求，响应国家号召，立足生态修复和景观建造，以精湛的品质、先进的技术、共生的理念，为时代创造自然之美，以中国生态之手描绘生态盛景，与社会各界同仁共建生态文明。

# 焊接技术专家、电焊机
# 行业领军企业管理者
## ——记北京时代科技股份有限公司副总裁鲍云杰

## 企业家档案

鲍云杰同志，男，满族，1971 年出生，中国共产党党员，祖籍辽宁凤城，硕士学位。现任时代集团公司副总裁，北京时代科技股份有限公司常务副总裁。

鲍云杰同志于 1994 年毕业于北京航空航天大学焊机工艺及设备专业，至 1998 年一直在中国石油天然气管道局焊接试验培训中心工作，进行管道焊接工艺及自动焊技术研究，参与多项重点研究课题。为国内外多条重要管线包括西北库鄯管线、陕京输气管线和苏丹罗兰德输油管线编制焊接工艺，制定验收规范。在国内率先进行管道焊接技术人员国际资质认证工作实践，参与建立具有 API 认证资格的培训中心，和加拿大咨询公司合作采用国际标准对苏丹管道工程的全体焊接技术人员进行了国际培训和资质认证。

1998 年 9 月进入清华大学机械系攻读硕士学位，2001 年毕业后进入时代集团公司从事焊接电源和焊接自动化技术的研究。2003 年研制成功数字化的多功能脉冲气保焊机，填补了国内空白，此设备在三峡工程中的压力钢管焊接中得到应用。2005 年至今主要进行多功能数字化焊接电源的研究和焊接自动化设备的开发设计工作，取得多项创新成果，其间获得北京市优秀人才培养资助项目支持。2007 年开始负责时代公司数控切割机产业化项目，目前在机用切割电源方面取得巨大突破，完成 120A 和 200A 等离子切割机的国产化，带领团队攻关，突破了 200A、400A 精细等离子电源的关键技术，实现了国产化。数控切割机完成无限回转数控切割机的研制工作，是国内首套产品化设备。2012 年以后开始负责重型自动焊接设备的研发和产业化工作，利用两年的时间自主研发了单丝窄间隙埋弧焊接系统、马鞍形自动焊接和自动切割系统，在锅炉压力容器和核电焊接装备的研究方面做出了贡献。

　　长期的焊接技术研究过程中，参与编写书籍2册，在各种技术刊物和学术会议上共发表学术论文20余篇。目前是中国机械工程学会高级会员、中国焊接学会理事、中国焊接学会熔焊专业委员会副主任、中国电焊机标委会委员、中国电工技术学会电焊技术专委会常务理事、中国焊接协会焊接设备专委会副理事长、机械工业职业技能鉴定指导中心技术委员会委员、北京市职业教育集团理事。

# 内外兼修　行稳致远

## ——记中国石化北京石油分公司总经理兼党委副书记陈立国

## 企业家档案

陈立国，男，汉族，1961 年 11 月出生，山东菏泽人，中国共产党党员，教授级高级政工师；1986 年毕业于大庆石油学院石油化学工程专业；第十一届和第十二届全国人大代表、公安部特邀监督员。曾任九江石化总厂炼油厂厂长、江西省九江市副市长兼企业工委书记、中国石化江西石油分公司总经理。2005 年被江西省人民政府评为"优秀共产党员"；2009 年被江西省人民政府评为"江西省优秀企业家"、江西省第四届"十大经济人物"。2015 年 3 月起任中国石化北京石油分公司总经理兼党委副书记。

（1）以自创的"拳王"理论指导经营，零售业务领跑全国市场。

在国际石油市场跌宕起伏、国内成品油市场急剧变化的市场环境里，作为企业领头人，陈立国同志创造性地提出市场经营的"拳王"理论，指导北京石油在激烈的市场竞争中始终占据先机。2015 年，北京石油完成经营总量664 万吨，实现销售收入 359 亿元，利税 10.8 亿元。2016 年至今，零售销量同比增幅高达 10.5%，在中国石化销售企业中排名第一。他所领导的单位连续 8 年获中国石化考核 A 类企业；连续 12 年荣获中国石化"安全生产先进单位"。

（2）以"功成不必在我"的胸襟谋划发展，打造企业核心竞争力。

履新北京石油以来，陈立国同志为推进公司可持续健康发展，针对存在的问题，从谋战略、强管理、建队伍等多方面"把脉问诊"，全面提升企业治理水平。一是谋划战略，确定企业"一三五"发展思路，明确了今后五年乃至更长时期的发展方向，随后出台《"十三五"经营发展规划纲要》《未来十年油库仓储设施优化改造方案》等文件，明确配套措施和具体步骤，确保发展思路落地生效。二是规范管理，以"敬畏法纪、规范管理、从严治企"为导向，全面完善制度体系建设，建立起"有事必有岗，有岗必有人，有人必有责，有责必考核，考核必兑现"的闭环管理机制，坚决用制度管权、管事、管人。一年来，共制定和完善93项管理制度，并加大了制度执行情况的检查力度，进一步增强了干部员工"说话讲依据，办事讲程序，行为讲规范""做该做的事、正确地做事、做正确的事"的意识。三是带好队伍，组织制定干部管理"两制度一规划"和机关人员基层锻炼提高办法，进一步突出基层导向和业绩导向，着力打造一支职业的、专业的、敬业的人才梯队。在陈立国同志的带领下，北京石油逐渐形成了风清气正的政治生态环境、公平公正的企业管理环境，塑造了一支正道直行的领导干部队伍，营造了浓厚的干事创业氛围。

（3）以"为美好生活加油"的担当凝心聚力，提升员工思想境界和工作激情。

陈立国同志时刻以优秀共产党员的标准严格要求自己，以持续学习提高自己，以渊博的知识引领企业发展，将企业打造成贯彻和实践习近平总书记治国理政新理念、新思想、新战略的重要阵地。他给同志们最深刻的印象就是对党的理论知识和为党工作经验丰富，理想信念坚定。最为典型的是对《入党誓词》、党员的责任和义务、"四讲四有"等内容烂熟于心、倒背如流。他经常讲：人，是要有精神追求的。精神生活如同物质生活一样，水平有高有低，质量有好有坏，而正直强健、符合人间正道的健康的精神追求，是精神生活的最高境界，它令人生充实丰满，也令生命有了远远超越生命本身的价值和意义。他号召全体员工"认识生命意义，提升需求层次，做幸福北京石油人"。他结合公司存在的问题，提出了高度契合企业发展需要的企业文化核心价值理念，并对核心理念进行通俗化解读，提出"我上班，我安全；我做事，我标准；我加油，我快乐"的工作理念，引发全体员工对"为美好生活加油"这一使命的高度共鸣和认同。

（4）以"为社会多做一点有益的事"的情怀创新管理，引领安全生产现代化研究推广。

基于我国工业化时间短、国内企业安全生产仍然停留在传统经验管理阶段和安全管理方面现代科技成果应用不充分的事实，陈立国同志提出了安全生产现代化的概念、安全生产现代化研究的四个方面、安全生产现代化的十项内容等，从探索人的安全行为和物的安全状态着手，结合现代信息技术，应用现代多种学科知识、科学原理、专门技术、科学方法来事前介入进行安全管理。变传统的被动、辅助、滞后的"事后总结经验型"管理为现代的主动、本质、超前的"事前预防控制型"管理，积极推动向安全现代化转变，从而达到本质安全的目标。北京市安监局对此项研究高度关注，将北京石油作为北京市安全生产现代化研究基地，携手推进课题研究和推广，共同为我国安全生产做贡献。

# 真抓实干勇创新
## ——记住总集团轨道事业部总经理蔡永立

## 企业家档案

蔡永立，男，45岁，1971年11月出生，中国共产党党员，哈尔滨建筑大学建筑机械专业硕士研究生，道桥专业高级工程师，隧道专业教授级高级工程师。现任北京住总集团有限责任公司党委委员，北京住总集团有限责任公司轨道交通市政工程总承包部（以下简称"轨道部"）党委副书记、总经理，北京市青年突击队协会副会长，住总集团青年突击队协会会长，第十一届中国青年企业家协会会员，第四届北京市政行业协会副会长，中国矿业大学（北京）及哈尔滨工业大学兼职硕士研究生导师，北京住总地铁建设带头人。

蔡永立同志从1996年参加工作一直摸爬滚打在施工一线，2007年至今先后担任住总市政公司经理、轨道部经理。他提出了"突出主业、做大做强地铁板块、做实做稳市政板块"的工作思路，实现企业多元化向专业化回归。住总地铁在从无到有的基础上已初步实现了由弱到强，集团已累计承揽地铁任务106.2亿元，稳居北京地铁施工第一方阵，为北京地铁施工前四强，住总地铁品牌已国内知名，住总地铁板块已成为构筑集团核心竞争力的重要板块。企业员工年平均收入从2010年的50108元上升至2015年的82461元，年均增长12.91%，成功带领住总一公司等5家兄弟单位进入了地铁施工领域。

蔡永立同志注重团队建设，在优化团队组织结构、加强制度文化建设、完善相关激励约束机制的同时，他要求主要领导及基层单位党政一把手要同时扮演好"老师、领导、家长"三个角色。从蔡永立同志带领的团队中培养出了包括4名正处、16名副处、近百名科级干部在内的一大批地铁市政施工技术管理人才。

蔡永立同志在干好工作、带好团队的同时个人也取得了丰硕的科技成果。

共获省部级科学技术奖 3 项，国家级工法 1 项，全国 QC 成果一等奖 1 项；以第一作者发表论文 2 篇，出版专著 1 本。企业近年也先后获得北京市科学技术奖 2 项、詹天佑大奖 1 项、国家级工法 3 项、实用新型专利 3 项、发明专利 1 项、全国市政金杯示范工程 1 项。

当前，蔡永立同志带领轨道部正推进 PPP 项目，重点推动京津冀水环境治理、首都环线高速、京唐及京滨城际铁路等 PPP 项目的承揽，推动企业转型升级。

截至目前，住总集团与北控水务投资公司联合体中标通州·北京城市副中心水环境治理（河西片区）PPP 建设项目，此次中标，一是住总集团首个水环境治理投资建设项目，填补了住总产业空白，对集团未来发展的产业定位起着至关重要的支撑作用；二是首个集团 PPP 项目落地，是推进住总集团成为知名投资建设运营服务商具体实践所迈出的重要一步。

# 以人为本　诚实守信
# 科技创新　开放合作
## ——记北京云星宇交通科技股份
## 有限公司董事长樊进超

## 企业家档案

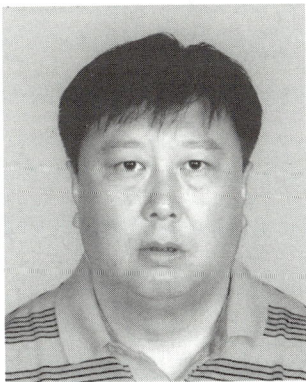

樊进超，男，汉族，1964 年 3 月出生，中国共产党党员，高级工程师，大学本科学历，工学学士。现任北京云星宇交通科技股份有限公司党委书记、董事长。

樊进超同志自 1987 年起，从事高速公路机电工程和智能交通技术研发管理工作近 30 年。于 2002 年任云星宇公司董事长至今，十几年来牢固树立"以人为本、诚实守信、科技创新、开放合作"的企业精神，以过硬的专业能力、先进的管理理念、恪尽职守的工作作风，为云星宇公司的蓬勃发展做出了卓越贡献。

在樊进超同志的带领下，云星宇公司经营规模实现了跨越式发展。公司从 1997 年成立时几十人发展到现在九百多人，形成一支结构合理的高水平队伍；营业收入也从成立之初的几千万元，跨越式增长至 16 亿余元。

公司业务向全产业链多元化发展，已扩展到智能交通行业内的四大领域：高速公路智能交通系统集成，智能交通电子收费系统运营管理、智能交通科技研发与应用、智能交通技术服务。业务发展以北京市为中心覆盖到全国 26 个省市自治区，并于 2013 年成功进军海外市场。

（1）打造自身实力，提升管理水平，企业取得多项资质、荣誉。

樊进超同志作为公司董事长，非常重视企业的经营管理，以先进的经营理念不断提升企业管理水平和资质水平。云星宇公司通过了质量管理体系认证、环境管理体系认证、职业健康安全管理体系认证；取得了公路交通工程专业承包通信、监控、收费综合系统工程资质，公路交通工程专业承包交通安全设施资质，计算机信息系统集成资质，安防工程企业资质等；作为科技型企业，通过了高新技术企业认证和双软资质认证。获得过全国十佳高速公路机电工程系统集成商、中国智能交通协会科学技术奖、北京市科学技术奖、北京市企业管理现代化创新成果奖、中关村创新平台"十百千工程"企业和丰台区经济突出贡献奖企业等荣誉，为国家科研创新、经济发展做了突出贡献。

（2）推进京津冀一体化交通先行，紧跟国家重大战略导向，为企业长远发展布局谋篇。

樊进超同志带领云星宇公司发展，首先是做好企业战略布局，促进"十三五"规划实施落地。对于未来战略发展，公司密切关注"京津冀协同发展"、"一路一带"、"长江经济带"等国家重大战略布局，寻求企业发展机遇。在国家"信息消费"战略的统一部署下，布局筹措信息数据产业，构建现代化交通网络系统，推进京津冀一体化交通先行。

（3）深化国企改革，成功完成股份制混合所有制改造。

在首发集团的支持下，樊进超同志领导公司完成了股份制改造，企业由国有制转变为混合所有制，并成功引入战略投资者和财务投资者，公司由单体企业转变为母子公司制企业。公司依法依规健全了法人治理结构，建立了规范完善的独立董事、董事会秘书、董事会专门委员会等工作制度。各机构规范运作，公司法人治理结构的功能得到完善。

（4）践行创新驱动发展战略，企业科技研发成果显著。

公司重视科技创新发展，大力践行党的十八大提出的创新驱动发展战略，在智能交通、城市交通、智慧高速等研发课题和项目领域取得了多项科研成果。

由北京市科委批准，公司挂牌成立北京市高速公路智能交通工程技术研究中心，标志着公司科技研发能力提升到新的高度。公司研发团队根据业务发展需要补充了高层次人才，科研重点在向智能交通及智慧城市的更多相关领域拓展。

公司科技研发团队秉承科技创新、自主研发的精神，累计取得专利权 59 项，软件著作权 116 项，开发了高速公路监控管理软件、激光幕墙车辆识别系统、旅行时间预测方法、交通流数据预处理系统、高速公路联网收费系统、高速公路清分结算系统、隧道监控、电力监控等产品。

在樊进超董事长的领导下，云星宇公司成为了一支素质高、作风过硬、经验丰富、具有高度凝聚力的企业团队，致力于引领中国智能交通领域的科技进步，实现产业报国。

# 在平凡的岗位上实现不平凡的人生价值
## ——记北京顺鑫农业股份有限公司
## 牛栏山酒厂厂长宋克伟

## 企业家档案

宋克伟，男，中国共产党党员，50岁，高级营销师。现任北京顺鑫农业股份有限公司牛栏山酒厂厂长。

自2002年担任牛栏山酒厂销售公司总经理以来，他不断超越自我，勇做"牛栏山"品牌的开拓者，把公司的精神和理念切实贯彻到自己的实际工作中，销售业绩逐年增长。从最初的销售收入1.8亿元，到2013年突破30亿元，每年都以20%～50%的速度快速增长。他本人也先后获得顺义区劳动奖章、首都劳模，多次被顺鑫总公司评为优秀企业管理者等诸多荣誉称号，在平凡的岗位上实现了不平凡的人生价值，为"牛栏山"品牌做大做强，做出了积极的贡献。

### 积极转变营销思路，销售业绩节节攀升

为了更好地增加销量，提升牛栏山产品的影响力。宋克伟同志加大市场的开发和网络建设力度，对组织结构进行进一步的调整。他深入市场一线走访客户，调查需求，深层次地观察和分析市场问题，结合酒厂的销售格局制定出了产品结构调整的方案，使企业产品结构进一步优化，品牌形象进一步提升，驾驭市场能力明显增强，赢得了市场拓展的节节胜利，取得了不菲的市场业绩。

在市场运作过程中，他本着"量入为出、稳健发展"的原则，采用集中优势资源打造局部优势，精细化营销，把市场做深，进而打造整体优势的方式，稳扎稳打，步步为营，渐进式开发全国市场，规避了大量的市场风险，又实现了区域性突破。

在经销商的选择方面，宋克伟同志不拘一格、注重实效，大胆启用策划

能力、终端运作和渠道运作都很有特长的经销商，在他的精心策划和有力执行下，实现销售额大幅跨越式提高。

## 以知识武装头脑用于营销实践之中

宋克伟同志在平日的工作中积极要求进步，不断加强理论学习，不断提高对事物的分析能力，并且将理论学习与实际工作相结合，将所看到所学到的东西应用于实践，从而来武装自己的头脑。他积极学习，不断创新，树立终身学习的观念，并取得"高级营销师"资格证书。

他深入市场一线，用独特的眼光观察市场，善于深层次地观察和分析市场问题，并不断的总结提高，加以应用。对于北京市场，老的经营模式已不再适应竞争日益激烈的市场变化，因此他不断地通过学习，深入地进行市场调研，把握市场动态和消费者消费变化趋势，开发出消费者喜闻乐见的产品，为我厂的市场开展做出较大贡献。

虽然取得的成绩是可喜的，但是在成绩面前宋克伟同志并没有沾沾自喜，他说摆在自己面前的任务还很艰巨。他会更加严格地要求自己，踏实工作，与管理层、经销商团结一心，克服种种困难，以饱满的热情、昂扬的斗志迎接新的挑战，为酒厂美好的明天做出自己更大的贡献。

# 创新实干，做好企业发展的引领者
## ——记北京金隅天坛家具股份有限公司
## 董事长、经理杨金才

## 企业家档案

杨金才，男，1969 年 11 月出生，中国共产党党员，1997 年毕业于北京化工大学，博士学历。现任北京金隅天坛家具股份有限公司董事长、经理。

（1）转型升级，增强企业发展动力。2008 年，杨金才从金隅集团战略发展部转战天坛家具股份有限公司。作为中国七万家家具企业中的唯一国有控股家具企业的掌舵人，杨金才领导天坛家具数次转型升级，不断扩张市场，开发新的增长点，构建了企业集设计开发、生产销售于一身，以实木、板式、软体、金属、红木、排椅等各类办公、民用家具为主，带动发展橱柜、衣帽间、门窗及室内外装饰业务等产业链完备的家居服务一体化格局，使历经 60 年浮沉的天坛家具依然历久弥新，保持着持久旺盛的生命力。

随着品牌影响力不断扩大，天坛也斩获诸多各界奖项，公司先后获得"全国文明单位""全国五一劳动奖状""北京最具影响力十大品牌""全国实施卓越绩效模式先进企业"等一系列重大荣誉。

（2）正向发展，带领企业主动作为。领导者的领导力决定着企业发展战略，关系企业发展方向、路径和未来。结合新常态思维，杨金才大刀阔斧推行"4S 发展战略"，结合天坛各方面优势，有力推动了公司商用家具、民用家具、固装业务、国际出口业务向前发展。同时做好对标管理，在生产保障、管理服务中挖潜提质增效，企业经济效益实现了新的突破，各项主要经济指标均处于行业前列。

2016 年，杨金才带领全体员工主动担当与作为，勇面挑战机遇，率先贯彻落实国家京津冀协同发展战略，将天坛家具原在京生产线全部转移至河北大厂金隅现代工业园内，并借转移之机升级智能化生产设备，降低人工成本，更新环保用料，购置了高科技含量的环保生物质能源站，大大提升了环保水平，有效提高了生产效率，建设了一个全新的现代化家具生产基地。

（3）信守承诺，勇于承担社会责任。多年来，杨金才在不断地使企业提升管理水平，使组织更富有生产力的同时，始终关注和勇于承担社会责任。天坛家具作为全国家具标准化技术委员会委员单位，直接参与制定了 30 余项国家标准，为行业的规范发展做出了积极贡献；同时他还带领企业坚持节约发展、清洁发展、安全发展，把建设环境友好型、资源节约型企业作为企业社会责任的重要内容。

杨金才还带领员工积极投身公益事业，先后参加了 60 周年庆典、汶川地震重建、2014 年 APEC 峰会、2016 年亚欧首脑峰会等多项国家重点工程。2016 年的援蒙项目是天坛家具承接过的重要政府援外工程项目之一，为此杨金才反复强调，一定以高度的政治意识、责任意识、大局意识完成此项工作。最终项目取得圆满成功，得到蒙方人员高度评价。杨金才用真情回报社会，充分彰显了企业以及企业家的高度社会责任感。

# 不凡业绩　卓越才能

## ——记北京巴布科克·威尔科克斯有限公司董事长张利群

## 企业家档案

张利群，男，53 岁，中国共产党党员，毕业于西安交通大学热能工程专业，后获得清华大学经济管理工程学院 MBA 学位，高级工程师。现任北京巴布科克·威尔科克斯有限公司董事长。曾历任北京巴威公司工程部、经营部经理，2006 年担任北京巴威公司党委书记、执行总裁，2016 年担任北京巴威公司董事长。曾荣获"2007 年度北京京城机电控股有限责任公司党建创新先进个人"、2009 年"北京市优秀企业家"、2011 年"北京京城机电控股有限责任公司优秀党务工作者""北京市国资委优秀党务工作者""首都劳动奖章"、2013 年"全国企业文化建设先进工作者""全国机械工业劳动模范称号"等荣誉称号。他带领的党委先后荣获了市国资委先进基层党组织、市先进基层党组织、全国企业文化建设先进单位等荣誉称号。

　张利群同志，从 2006 年起担任北京巴威公司党委书记、执行总裁一职。在短短的几年间，他带领公司分别实现了北美市场、东南亚市场、脱硝（SCR）市场、60 万千瓦"W"型火焰超临界锅炉、60 万千瓦超超临界锅炉以及 100 万千瓦超超临界锅炉合同的多项重大市场突破。2008 年，产成了世界首台 60 万千瓦"W"型火焰超临界锅炉。2009 年，在全球性金融危机的大背景下，签订了直接出口越南翁岸两台 60 万千瓦锅炉岛项目，这使北京巴威公司由以往单纯制造锅炉而一跃成为电站锅炉设备成套（包括锅炉主辅设备和系统及相关的控制设备）供应商，树立了北京巴威公司发展史上新的里程碑。在他的带领下，公司"十二五"期间实现了销售收入和利润总额的大幅增长，提前两年完成了"十二五"发展规划。公司总体经济运营保持快速增长态势，2011 年取得销售收入 30.6 亿元、利润总额 3.76 亿元的优良业绩，实现了多年来销售收入过 30 亿的梦想，公司利润得到快速增长。

近几年，由于受到全球经济大环境的影响，电力市场的需求也在极度下滑，签订合同订单之难前所未有，公司发展再次面临着严峻的挑战。为此，张利群同志积极带领整个管理团队转变经营思路、寻求市场突破。他制定了国内、国外市场份额各占 50% 的营销策略。一方面严格把控海外项目管理，引进国际上先进的六西格玛管理体系，保证了越南、印度、印尼等在手项目的保质完成，培育海外市场成为新的利润增长点；另一方面坚定信心，倾全力开拓市场，2012 年签订合同额超过 50 亿元人民币。其中有越南太平两台 60 万千瓦锅炉岛项目合同，该项目是北京巴威公司有史以来供货范围最大、合同额最高的项目合同；同年还签订了安徽平圩电厂两台 100 万千瓦燃煤发电工程超超临界锅炉机组及脱硝（SCR）项目合同，是公司在百万超超临界锅炉市场上的又一次重大突破，再次证明了北京巴威公司在高端电站锅炉产品领域的综合竞争力。今天的北京巴威公司在张利群同志的领导下，已经迈入了北京市高新技术企业的行列，并向着国际化企业的发展道路昂首迈步。

# 勇于创新　锐意进取　实现京城环保快速发展
## ——记北京京城环保股份有限公司总经理赵传军

## 企业家档案

赵传军，男，47岁，中国共产党党员，毕业于清华大学，硕士研究生学历。现任北京京城环保股份有限公司总经理。

赵传军同志自担任公司总经理时起，就身感肩上的担子更加艰巨，他坚信企业要想保持强劲发展，核心就是勇于持续创新。

### 做环保行业技术创新排头兵

赵传军认为，在环保技术上要一直抱着永不满足的心，要不断创新发展，做精产业，做环保行业细分领域技术创新排头兵。他带领公司每年投入销售收入的 5% ~ 10% 作为技术创新资金，多年来共投入研发资金 4 亿元。在他的带领下，公司在危险废物处置领域国内市场占有率第一，在国家规划的大型省级危废处理项目中，公司市场占有率达 70% 以上，连续中标 20 个大型省级危废项目，长期位居国内危废领域龙头地位。在医废处置领域，由他主持开发的大型医废处理技术应用于上海医废处理中心，该项目是迄今为止国内规模最大、技术要求最高的医废项目，全部指标优于国家标准，其中二噁英指标达到 0.04，远远优于欧洲标准 0.1 的排放值，项目荣获上海市市政工程金奖，并荣获中国市政金杯工程奖。在特殊危险品领域，由他主持开发的具有完全自主知识产权的特殊危险品处理系统属国内首创，打破西方发达国家技术垄断，荣获国务院"国家技术发明奖"二等奖，总装备部"科技进步"二等奖，公司是国内唯一供应商。在污泥处置领域，承接的上海竹园项目是全国最大的污泥干化焚烧处理项目，烟气排放标准优于欧盟，被称为"一次性点火成功的国内最大污泥干化焚烧项目"，得到行业各方高度评价。

## 坚持模式创新提升环境治理能力

随着固废处置领域的发展，公司逐渐形成了集设备供应商、工程总承包商、运营服务商为一体的"三商合一"的商业模式。在实践"三商合一"过程中，赵传军又创造性地提出"循环经济产业园"理念，即建设集处理生活垃圾、餐厨垃圾、污泥、污水等多种废弃物为一体的循环经济产业园，为用户提供一揽子解决方案。

呼市循环经济产业园项目是公司首个大型 BOT 环保项目，综合处理呼市生活垃圾、市政污泥和餐厨垃圾，赵传军带领公司将项目建设成为"中国北方地区循环经济环保科技示范园"，获得"中国环保产业可持续发展重点推广项目奖"。之后，在他的带领和推广下，公司又承接了兴化市循环经济园项目，对兴化城市垃圾进行稳妥集中"无害化、减量化和资源化"处置。公司承接的北京通州循环园项目，集中处置餐厨垃圾、城市粪便和市政污泥，项目被列入市政府"十二五"规划，是通州区重点折子工程。近几年公司又陆续中标庄河、惠民、鸡东等循环园项目，为公司的可持续发展提供了强有力的支撑。

## 勇于担当国企社会责任

作为环保企业家，赵传军始终注重国企社会责任担当。非典期间公司提供近 100 台套医疗垃圾焚烧炉，占全国市场 50% 以上；奥运期间公司承接了北京和青岛两个奥运会配套工程；近年又先后承接了顺义、高安屯生活垃圾处理焚烧发电项目，南宫生活垃圾、餐厨垃圾综合改造项目等大型成套装备工程，多年来为国家环保事业和北京市环境处理设施建设做出了积极贡献。

# 追逐梦想的液压人

## ——记北京华德液压工业集团有限责任公司总经理廖显胜

## 企业家档案

廖显胜，男，46岁，在职研究生学历，工商管理硕士，中国共产党党员，高级工程师。1993年进入华德集团，历任技术员、团委书记、车间主任、生产科长、副厂长、厂长。2003年经公开竞聘出任华德集团副总经理，现为华德集团总经理。

廖显胜担任华德集团总经理期间，他带领集团领导班子重新定位集团发展战略，全面梳理财务管理、技术研发、营销管理、生产运营四大业务体系，全力推动企业转型升级，使企业逐步发展成为国内产品种类最全、最具规模的液压元件及集成设备的设计、制造、服务供应商，牢牢占据了中国液压行业的龙头地位。

他带领全体职工努力拼搏，锐意进取，在推进集团化管控、实施品牌战略、企业科技管理、营销管理创新等诸多方面取得突破。"华德液压绩效管理体系的构建与实施"、"品牌培育管理体系的构建与实施"、"液压企业六维度市场开拓营销管理创新"等先进管理成果先后荣获北京市27届、28届、30届管理创新成果一等奖、二等奖。

廖显胜带领企业建立了以客户为中心完善的营销、物流网络，实现了华德产品覆盖全国、走向国际的夙愿；努力推进品牌国际化战略，实现了从民族品牌向国际品牌的迈进，荣获工信部"全国工业品牌培育示范企业"称号；创新科技管理，积极推进企业产品结构向高端、高附加值方向发展，建立了"一个中心，多个研发事业部"的研发体系，申报并成功实施国家级项目"工程机械关键、主要高端液压元件产业化建设项目"，实现了工程机械行业高端液压产品的突破；创新营销模式，实施六维度市场开拓，构建了全方位、多维度的营销网络，有力地推进了企业转型升级。

　　廖显胜在带领企业推动企业发展的同时也为中国液压行业的发展做出了卓越贡献,得到了行业的普遍认可,本人先后出任中国液气密协会副理事长、机床与液压理事会副理事长、中国机械工程学会流体传动与控制分会理事。2013 年,带领企业成功入选工信部品牌培育企业、工程机械高端液压件协同平台,成功入围 2014 年度"中国工程机械产业影响力 100 人"。在他的统一指挥调度下,企业多次荣获北京市"安康杯"竞赛活动优胜单位,2015 年 3 月荣获"北京市安全文化建设示范企业"。2014 年,企业荣获中华全国总工会颁发的"全国五一劳动奖状"。

　　廖显胜作为一名企业家深刻认识到,企业发展的最终目标是对社会的贡献,是对员工的回报。在实现"中国梦"的征程中,他将继续带领华德人秉承"创造顾客价值,谋求股东收益,促进员工成长"的企业使命,为实现"建设成为国际一流的液压品牌"的宏伟战略愿景而努力奋斗!

# 以创新为发展动力构建优秀企业
## ——记北京市勘察设计研究院有限公司总经理徐宏声

## 企业家档案

　　徐宏声，男，52 岁，中国共产党党员，毕业于同济大学地下建筑与工程系，研究生学历，后进修美国普莱斯顿大学 MBA，教授级高级工程师，全国注册土木工程师、高级职业经理人。现任北京市勘察设计研究院有限公司总经理，主要社会职务有：建设部全国注册（岩土）土木工程师考试命题专家组专家、北京市环境岩土工程技术研究中心主任、中国环保产业协会土壤修复专委会常务理事、中国地质灾害防治专业委员会常务理事、北京市工程咨询协会副会长。

　　徐宏声同志自担任企业领导职务以来，能够创新管理理念，积极探索现代企业管理制度，为北京市勘察设计研究院的转企改制亦即北京市第一家市属勘察设计单位的平稳改制发挥了关键作用。

　　创新是引领发展的第一动力，人才是发展的第一资源，徐宏声同志十分重视人才队伍的建设与培养。一是成立人才与创新工作专门的领导机构，加强人才与创新工作的顶层设计，着力营造人才施展才华的平台。二是建立完善股权激励制度，坚持"按岗设股，骨干持股"的原则，让优秀人才能够以所有者的身份参与企业决策、分享利益、承担责任，与企业共同成长。三是作为企业的管理者引领推进技术创新。他长期担任"北京市浅层地下水动态监测网"的项目负责人，牵头组织设计搭建的"北京市浅层地下水位动态监测网信息服务平台"，实现了北京市浅层地下水监测信息社会共享。作为主编单位项目负责人，完成北京市地方标准《污染场地勘察规范》的编制工作，填补了国内空白。作为项目负责人，完成北京市科委"土壤与地下水污染修复技术发展趋势与产业布局研究"课题，首次在国内建立了土壤与地下水污染修复产业技术发展路线图，对京津冀地区乃至全国污染场地修复产业的发展具有重要的指导作用。通过徐宏声同志的不懈努力，北勘公司的科技实力取得了长足的进步，新增 18 项国家计算机软件著作权、13 项国家实用新型和发明创造专利技术；被持续认定为国家高新技术企业；承担并解决了城市轨道交通设计与施工、土壤与工业污染场地评估与治理、地质灾害防治和废弃矿山环境治理等在规划设计施工中的一批科技难题，2014 年获批成为"北京市环境岩土工程技术研究中心"，2015 年获批成为"北京市道路与市政管线地下病害工程技术研究中心"。

在徐宏声同志的领导下，北京市勘察设计研究院有限公司稳步发展，营业收入持续增长，人才梯队建设完备，企业社会贡献突出，被评为"全国精神文明建设工作先进单位""全国先进工程勘察设计企业"，并连续 17 年保持"首都文明单位标兵"荣誉称号。

# 转型发展立潮头
## ——记中铁电气化局集团有限公司总经理李爱敏

## 企业家档案

　　李爱敏，男，54岁，中国共产党党员，中国科学院研究生院工程教育学院毕业，管理科学与工程专业博士。现任中铁电气化局集团有限公司总经理，高级工程师。北京市爱国立功标兵、全国铁路总工会火车头奖章、北京市劳动模范、北京市国资委系统优秀共产党员荣誉获得者，先后被评为施工企业管理协会优秀项目经理，北京市质量管理小组活动卓越领导者，第一届、第九届中国IPMP国际项目经理大奖（十佳杰出国际项目经理），中施企协科学技术奖评审专家，2014、2015年度全国优秀施工企业家。2015年度，中铁电气化局集团有限公司被评为"中国自主创新品牌"第一名。

　　2013年3月，李爱敏担任总经理后，对企业转型发展进行了深入思考与创新实践，公司制定了"成为享誉全球的轨道交通系统集成企业集团"的战略发展目标，实施了"强抓管理、着力科技、发展工业、稳推融资"四项重点措施，有力推动了企业由一个项目管理型的传统施工企业向科技创新型的现代企业的转型发展。

　　（1）强抓管理打基础。李爱敏按照"企业管理分层分级，项目管理有限授权，企业利益最大化"的原则，全面加强企业管理。一是以重在策划的思想抓经营开发，推行经营信息ABC分类管理，使公司业务覆盖到18个铁路局、30多个城市。二是以干管并重的要求抓施工生产，创新完善了"4+1"组织机构管理模式，建成开通了大秦、京沪、京九等长大干线电气化改造项目，以及京津、武广、京沪、哈大、甘青、沪昆等高铁项目。三是以项目管理为核心抓全面管理，推进项目专项治理，规范项目目标考核管理。通过强抓管理，2013～2015年，公司分别实现营业收入368亿元、433.62亿元、

424.2 亿元，分别实现利润总额 6.85 亿元、8.3 亿元、10.68 亿元，集团有 3 个公司被中国中铁评为三级企业 20 强。

（2）着力科技作引领。2014 年公司召开科技大会，确立了向科技创新型企业转型发展方向。高度重视科技创新，加大科研开发投入。2015 年科研项目立项 78 项，其中重大项目 8 项，重点项目 57 项，引导项目 11 项，投入经费 8005 万元。获省部级奖 3 项；获得授权专利 9 项，发明专利 2 项。公司 2016 年科技开发继续加强。2016 年度集团公司科研开发计划总计 81 项科研课题，其中 11 项重大课题、56 项重点课题、24 项引导课题，投入科研经费 9763 万元。通过加大科技创新力度，进一步巩固了公司在行业发展中的引领地位。

（3）发展工业促转型。电化局具有集设计研发、系统集成、施工生产、工业制造、试验检测、运营维管于一体的产业链优势，其中工业制造是推动企业转型的关键，因为工业水平是提供绿色智能轨道交通产品和服务的重要因素。近年来，电化局着力打造四大工业生产基地（保定电力电子变电产品生产研发基地、宝鸡铁路接触网零部件和城市轨道交通机电产品生产研发基地、西安通信信号产品研发生产基地、线材生产研发基地），推动构建大工业系统架构，努力成为享誉全球轨道交通"四电"领域"技术最先进、链条最完整、质量最可靠、服务最完善"的一流系统产品制造商和方案解决者。

（4）稳推融资保增长。按照"保障施工生产的资金使用底线、均衡投入自有资金、实现资金流持续增加"三个原则，加强企业现金流管理，搭建自有或合作式投融资平台，支持运作实施了一批投融资项目，促进了营业规模的增长和发展质量的提升。其中成功运作实施了 100 亿元的南京宁天城际 BT 项目，成为投融资建设与工程总承包一体化管理、全过程、全专业系统集成的特大型交钥匙典型工程，提升了企业品牌影响力。

# 国企转型的带头人
## ——北京大华时尚科技发展有限公司（原北京市大华衬衫厂）书记、董事长赵焱

## 企业家档案

赵焱，女，1969年8月出生，中国共产党党员，毕业于北京联合大学纺织工程学院，本科学历，学士学位，高级经济师。现任北京大华时尚科技发展有限公司（原北京市大华衬衫厂）书记、董事长，北京大华天坛服装有限公司董事长，北京无咎品牌管理有限公司董事长。

（1）全力推进企业转型升级。2013年初，赵焱同志就主导决策要以高档定制项目来经营西服车间，提高了资产经营效益，改善了产品结构，提高了产品附加值，有效地淘汰了落后产能。由此，企业服装生产先期形成了集高中档男女西服定制和衬衫为一体的服装生产集群。在经营过程中，各生产主体互相借力，充分合作，不仅优化了生产结构，也初步实现了生产制造的精细化分工，大大提高了产业链的价值，并为企业自主品牌的发展，赢得了更大的效益。

（2）全力推进企业技术创新。作为技术干部出身的赵焱同志，坚定企业只有不断创新才能适者生存的理念，作为"十二五"重大科技创新项目的负责人，亲自挂帅，立足项目，拉动企业两化（工业化、信息化）融合发展。2013年，企业"RFID智能服装生产吊挂线系统"项目的投产使用提高了20%~30%的生产效率，并初步实现了企业生产过程的信息化，为进一步实现企业生产全面信息化管理和产业升级奠定了基础。在2015年11月，市国资委委托中介机构进行的项目后评价过程中，该项目以94分的优异成绩获得专家评委的好评。

（3）全力推进品牌运营创新。2013年，在纺织控股公司的大力支持下，新的品牌运营公司成立，新公司以全新的体制、机制和团队投入运营。赵焱

同志带领企业以新公司为主体，针对不同的消费群体和不同的市场细分，设计策划出"PURE TOUCH""A 牌""无咎"等四个新品牌，以期实现品牌的多元化和差异化发展，形成品牌集群，强化了品牌支撑，提高品牌的核心竞争力。

"十二五"期间，她带领企业技术创新团队，通过产品创新、技术创新，申请并获得了光催化纳米衬衫的发明专利等 21 项国家专利，扩大了自主知识产权，成为了"北京市专利试点单位"。近三年企业和"天坛"品牌，共荣获"全国纺织劳动关系和谐企业""质量卓越企业""2010～2013 年度北京时尚热销服装品牌""北京市著名商标""中国职业装 50 强企业""中华纺织服装老字号品牌文化传承奖""诚信长城杯企业"等 20 余项荣誉和奖励。

（4）提高履职能力。赵焱同志 2011 年被北京市总工会评为优秀职工之友；2011 年 11 月 8 日当选北京市海淀区人大代表；2012 年参加清华大学职业经理培训班，毕业论文被评为优秀论文，并收录于清华职业经理培训班优秀论文集；2013 年 9 月荣获中国品牌建设优秀企业家荣誉称号；2013～2014 年度被评为建功"十二五"创新促发展劳动竞赛标兵；2014 年获评为"国企楷模·北京榜样"优秀人物；2015 年被评为中国纺织品牌文化建设杰出人物。

（5）重视社会责任和企业文化。企业从 2010 年开始至今，与辽宁学院服装与纺织学院建立校企合作，每年吸纳服装专业大学实习生 20 多名，实习期满，择优在企业留用，陆续为社会培养服装专业人才近 200 名。每当社会重要关键时期，企业秉承"服务民生、奉献社会"的理念，在自然灾害面前、在 2008 年奥运会、建国 60 周庆典、北京园博会等重大事件和活动中，企业始终坚持"国家利益高于一切"的原则，做出了无私的奉献。多年来在企业职工中持续地开展"大华之星"优秀职工的评选活动，大力弘扬职工爱岗敬业的先进事迹，形成了企业特有的文化氛围，进一步促进了企业健康持续的发展。企业与职工签订集体劳动合同，每年为职工增长工资约 15%。

# 创新，企业发展的原动力
## ——记北京市圣雅诗进出口有限责任公司
## 总经理、党委副书记石卫东

## 企业家档案

石卫东，男，汉族，1969 年 8 月出生，中国共产党党员，中央党校经济法专业毕业，硕士研究生。现任北京市圣雅诗进出口有限责任公司总经理、党委副书记。

石卫东同志主持公司工作以来，提出并坚持"规模、效益、创新"理念，坚守理想信念，勇于迎难而上，善于学习创新，注重品牌宣传，重视企业文化，关心团队建设，热心社会公益，团结班子成员，引领企业健康持续发展。公司在经历了全球金融危机的冲击，遭遇了欧、美、日市场持续深度萧条的"严冬"后，提出并制定了企业生存和发展的核心经营理念："创新、规模、效益"。并在深入分析国际、国内两个市场趋势后，决定转型经营，由专业外贸企业转型为开拓内贸市场、坚守外贸业务的多边型企业。通过努力，基本完成了转型工作，店铺发展到十余家，销售人员队伍也得到了更新和扩大，内销规模稳中增长；公司全力打造"懋隆黄金"品牌，采取有效安全模式，黄金销售年年跃上新台阶；公司还利用自身优势，充分发挥国内外两个市场的桥梁作用，积极引进国外高端产品，自主组织举办了多届泰国、日本高端彩宝展，提升了企业的知名度和信誉。近年来，公司不断加强创新力度，加强新型销售渠道的建设和原有销售渠道的调整，形成了四大销售渠道，即网络销售、电视直销、进出口业务和服务贸易以及实体店销售。经过这些努力，公司取得了一些成效，主要有以下这些方面：

（1）2013 年在石卫东同志的主持下，公司重点主抓四个方面的工作：一是"懋隆"品牌建设；二是渠道建设，包括传统渠道、网络销售、电视直销和进出口服务贸易；三是节约，开源节流，降低成本；四是提高效率，加快资金周转率。

（2）2014 年公司与北京电视台《拍宝》栏目建立战略合作关系，策划组织了工艺品专家上《拍宝》，收到良好效果，组织实施了"拍宝·懋隆艺术品公益鉴定会"活动，为广大藏友提供了专家级的服务，极大地推动了懋隆品牌宣传。在上述公益活动中，石卫东同志以专家身份参与其中，为收藏爱好者提供鉴定服务；组织公司有关部室适时启动了综合类微信平台——"掌上懋隆"系统的开发与建设，搭建集微官网、微商城、微信 CRM 中心为一体的全新平台，标志公司在打造全新懋隆 O2O 商业模式方面迈出坚实的第一步；公司在 CNR 电视直销项目取得良好的销售业绩的同时，通过与《央广购物》频道的合作，确立并巩固了电视直销这一全新的销售平台，并在 2016 年获得了央广购物颁发的"品牌之星"称号；积极推进展会经济，组织公司相关部门先后参加了京交会、国际（北京）珠宝展、北京文博会等大型展会，达到了宣传民族品牌"懋隆"的形象和理念、推介公司重点项目的目的。

（3）2015 年圣雅诗保税库以国际一线、二线知名品牌为发展合作目标，为他们提供通关整体解决方案。对一般贸易客户提供报关、商检、许可证、濒危许可证、正常通关等专业代理服务。经过努力，得到了知名品牌戴美安妮、宝格丽、香奈儿、De Beers、Forever mark 等世界顶级珠宝品牌对我们专业服务的认可，并签订了《保税服务协议》。近两年来，该平台运营良好，2015 年度，进出口总额达到 2.5 亿美元，取得显著成效。保税库的作用和成效得到市商务委、北京海关、市国资委的高度认可。

# 勤勉塑造精品　诚信铸造品牌
## ——记北京城建七建设工程有限公司董事长王玉生

## 企业家档案

王玉生，男，1966 年 3 月出生，中国共产党党员，2005 年毕业于北京科技大学，取得硕士研究生学历。1989 年 7 月参加工作，现任北京城建七建设工程有限公司董事长。

王玉生同志自担任北京城建七建设工程有限公司董事长以来，始终坚定正确的理想和信念，认真贯彻执行党和国家的路线、方针、政策，善于走群众路线，励精图治，勇于创新，顺应改革形势，不断完善企业制度，确立品牌战略，倡导有效的管理理念，致力于把企业建设成为"北京一流、国内知名"的工程总承包建筑施工企业。

### 经营管理能力

他先后组织编写企业"十二五"规划（2011～2015 年）和"十三五"规划（2016～2020 年），参与建设部组织的国家级行业标准 JGJ 126—2015《外墙饰面砖工程施工及验收规程》编写工作。在行业内率先推进了信息化建设，"以成本为中心的企业综合信息系统研究与应用"获得 2014 年第二十九届北京市企业管理现代化创新成果二等奖，并在第十届全国工程建设行业信息化高峰论坛暨信息化成果展示交流会上获得推介。

### 企业经营管理绩效

管理公司十年来，企业注册资本金从 5200 万元增至 1.5 亿元人民币，连续六年盈利，使企业由亏损到年利润 1000 万元以上，产值由年 10 亿元上升到超过 20 亿元。在国内近 30 个省市承建了工程项目，优质高效地完成了一大批国家、省市级重点工程，共获创优工程奖 111 项：其中国优 9 项，军优 4 项，省部级优 61 项，局优 37 项，于 2011 年和 2015 年两次荣获北京市市政行业诚信企业称号。

## 企业社会责任

在履行社会责任方面，企业自觉维护建筑市场秩序，坚持依法诚信经营，扎实推进建筑业发展方式转变，坚决落实节能减排责任。同时注重维护职工合法权益，慰问老职工，帮助困难职工，使职工收入稳步增长，并通过了 ISO14000 环境体系认证和 OHSAS18000 职业安全健康认证。

公司无重大安全生产事故，共获得各项安全生产奖项近 50 项，并被评为北京市 2013 ~ 2015 年安全生产先进单位。在国家"急难险重"工程前，企业承担了非典小汤山医院、四川什邡、北京房山等一大批抢险救灾和灾后援建工程建设任务，发扬特别能吃苦、特别能战斗、特别能奉献的精神，充分为政府和社会承担起了应尽的责任和义务，被北京市评为"重合同、守信誉"单位。

## 个人所获荣誉

王玉生同志自从参加工作以来多次获得集团荣誉。1999 年获北京五项科技成果二等奖；2003 年被编入《中国建筑业骄子》刊物；2003 年被北京质量协会授予北京质量先进企业推进者；2005 年获得全国建设工程项目管理优秀工作者称号；2005 年获得奥运工程优秀建设者称号；2005 年被评为北京市优秀项目经理；2007 年被评为全国建筑企业优秀项目经理；2007 年被评为国际杰出项目经理；2008 年被中国企业管理师协会授予卓越企业管理师；2008 年 9 月获得改革开放 30 年十大杰出企业家称号；2009 年 2 月获得全国百名优秀职业经理荣誉称号；2012 年被中国建筑业协会授予"创建鲁班奖工程先进个人"称号；2014 年被评为全国钢结构行业优秀企业家和北京市市政行业优秀企业家称号。

# 勇于挑战　信守承诺　创精品工程
## ——记北京城建五建设集团有限公司总经理刘旭

## 企业家档案

刘旭，男，43 岁，中国共产党党员，毕业于北京建筑工程学院，大学本科学历。1996 年 7 月参加工作，一级注册建造师，教授级高级工程师，现任北京城建五建设集团有限公司总经理，北京市建筑业联合会理事。曾先后获得北京市"优秀青年指挥"、北京市"青年岗位能手"、北京市"优秀项目经理"、全国"工程建设优秀项目经理"、北京市

和集团公司优秀共产党员、公司"双文明职工"、2013 年全国建筑装饰行业资深优秀企业家等荣誉称号。

刘旭同志自参加工作以来，历任技术员、工长、生产副经理、项目执行经理、项目经理、公司副总经理，到如今的公司总经理，他以其出色的组织领导能力、科学的判断能力、诚信的经营理念和唯实创新的精神，带领北京城建五建设集团有限公司在市场经济的大潮中不断发展壮大。

目前，北京城建五建设集团有限公司注册资金 15000 万元，已拥有"房屋建筑工程施工总承包壹级"、"市政公用工程施工总承包壹级"等七个一级资质，是一个能独立承建各类建筑安装工程、市政工程、装修装饰工程、钢结构工程、地基与基础工程、机电设备安装工程和起重设备安装工程，具有高度社会信誉的大型综合性建筑施工企业，是北京建筑市场中的一支生力军。近年来，公司先后荣获"全国工程建设质量管理优秀企业""国有资产管理先进单位""北京市用户满意企业""全国优秀施工企业""全国推进工程项目管理先进企业"等称号。

勇于挑战，信守承诺，创精品工程。刘旭同志在担任项目经理期间，他

所承担施工的工程都因质量过硬而被评定为优良工程，每项工程的合同履约率都为100%。从2010年9月担任公司总经理一职后，立足北京，加大营销力度，积极开拓外埠市场。他凭着超凡的组织领导能力、勇于创新的胆识和诚信的经营理念，理性地分析社会经济环境，在审时度势中找准了企业的市场定位，从可持续发展的高度制定出了北京城建五建设集团有限公司的发展战略，并严抓安全生产，加强质量管理和科技创新，使得公司建筑出来的都是绿色精品工程。

在刘旭这位杰出企业管理者的带领下，北京城建五建设集团有限公司近三年的工程开复工面积始终保持在360万平方米以上，平均年经营总额超过20个亿，平均年实现利润2000多万元，丰硕的成果使公司成为了全国建筑市场的一支生力军，赢得了企业生存、发展、壮大的主动权。

# 企业创新驱动发展的"领头雁"
## ——记北京京铁列车服务有限公司总经理李建忠

## 企业家档案

李建忠，男，58岁，中国共产党党员，毕业于石家庄铁道学院，大学本科学历。现任北京铁路局北京京铁列车服务有限公司总经理（正处级）、执行董事。

2015年以来，李建忠同志立足企业实际、着眼长远发展，既坚持继承传统，又敢于破除陈旧观念的束缚，不断吸纳借鉴各种新理念，大力实施创新驱动发展战略。

通过创新理念、思想引领，构建了既适合市场经济需求，又符合现代企业管理要求，既具行业特征，又有时代特征的企业文化体系，对明确企业发展方向、规范全体员工行为、凝聚创新发展力量、打造企业核心竞争力，起到了不可替代的引导作用。

通过创新经营、融入市场，突破了既有经营模式和增收创效的局限性，既盘活了配餐基地资产，又实现了高铁品牌资源的资本化运作，特别是通过产品、营销和项目创新，丰富了列车商品品种，改进了产品营销模式，开辟了新的经济增长点，企业经营效益再攀新高。2015年，公司完成营业收入55831.07万元，同比增加9511.33万元，增幅24.6%；实现利润3354.44万元，同比增加1313.47万元，增幅64.35%；综合创效6850.7万元。

通过服务创新、高标定位，打造了与中国高铁品牌相对应的高端化、高品质的服务品质，充分满足了广大旅客多样化、个性化、差异化的服务需求，树立了北京铁路局高铁服务的窗口形象。

通过管理创新、运用科技，研究开发了"康之旅"智能手机APP系统、ERP"进销存"信息管理系统和手持PDA终端扫码结账系统，既满足了旅客在座位上利用智能手机即能实现点餐和其他消费服务需求，又构建了对接市场、信息通畅、资源共享、统计科学、结算便捷、实时监控的"大数据"中心，促进了企业经营管理的信息化、智能化发展。

# 成功企业离不开成功的引路人

## ——记北京京烟卷烟零售连锁有限公司经理梅元春

## 企业家档案

梅元春，男，50 岁，中国共产党党员，毕业于首都经济贸易大学，硕士学历。现任北京京烟卷烟零售连锁有限公司经理。

梅元春自担任北京京烟卷烟零售连锁有限公司经理以来，带领公司实现了资产及税利从量变到质变的飞跃，将公司的处境由四面楚歌一跃成长为执掌牛耳。但公司的成功背后不会一帆风顺，也曾遇到不少困难和阻力，梅元春经理代领公司一路披荆斩棘，锲而不舍，把平稳发展当作第一要务，把创新管理作为生命线，严修身、严律己、严用权，谋事实、创业实、做人实，为公司的成功经营发展起到了决定性作用。

经营思路方面：梅元春在卷烟经营管理持续优化方面下了很大力度，先后提出了按照"以税利指标争取达到保 8 争 9 超 10"为一个目标，以"品牌培育"为一个重点，以"降本增效、终端建设、安全运行"为三个核心，认真做好"标准制定、规范运营、创新营销、信息采集、党团建设、内部管理"六项工作的"1136"工作思路，及坚持"去库存、增销量、提结构、保效益"的卷烟经营指导思想等。面对当前经济下行压力较大、实体经济萧条的环境，在以上几点经营思路的引导下，使公司突破重围，在北京卷烟零售市场立于不败之地。

经营管理方面：梅元春要求公司直营店起到四项作用。一是培育品牌，京烟零售是各卷烟工业公司在北京品牌培育的主要平台，直营店在卷烟品牌培育方面具有陈列展示、人员推介、宣传促销等基本功能。二是展示形象，通过门店标准化建设、经营能力提升、服务品牌打造三个方面的工作，使公司在卷烟销售能力、品牌培育能力、消费者服务能力等方面切实发挥标杆示范作用。三是稳定价格，价格到位情况是品牌培育成效的一个重要衡量指标。不论在什么情况下，公司直营店都百分之百地执行公司制定的零售指导价格，部分牌号零售价甚至高于指导价。四是采集信息，公司在信息收集、传输、运用三个环节，可以依托技术支撑，发挥信息化程度高、经营人员操作规范等优势，成为真实信息的采集点。

经营创新方面：2015年6月1日北京施行了史上最严控烟令——《北京市控制吸烟条例》。面对政策压力，梅元春积极筹划控烟工作，立即制定公司相关控烟管理办法，确保政策落地实施前的准备工作全面到位，确保经营合规守法。面对市场压力，他创新经营手段及方法，以组合营销、微信营销、口碑营销等新营销模式最大化地控制政策给卷烟销售带来的地震式影响；同时，他在逆境中看到了荷花卷烟的市场潜力，以此烟为抓手，强化品牌培育，以点带面，借以公司影响力，一举将其打造为北京卷烟市场的热销规格，不仅极大地带动了公司效益的提升，还盘活了北京市场的一盘死水。面对内部压力，他针对严峻形势开展了"单店突破，店长自主，强化考核，提升效益"的营销新模式，店长在最低价格与零售指导价之间可自主决定价格销售，把更大的权力下放给门店，加大店长业务权责，使营销手段更为灵活。

梅元春经理深知只有多一份的努力，多一份的拼搏才能在工作中勇于开拓，更上一层楼，而他所代表的专业、敬业、创业的精神也同样是面旗帜，旗帜的作用在于感召与鼓舞，他用行动影响着在他周围工作的每一个人。

# 适应新常态，持续推进调整转型

## ——记北京全聚德和平门店总经理曹忆南

## 企业家档案

　　曹忆南，男，57 岁，江苏常州人，汉族，中国共产党党员，政工师。现任北京全聚德和平门店总经理。

　　北京全聚德和平门店是中华餐饮老字号全聚德的代表性门店之一，曹忆南同志 2008 年到北京全聚德和平门店任党委书记，2010 年兼任店副总经理，2012 年任总经理。在他主持经营管理工作期间，和平门店先后被评定为国家特级酒家、北京市五星级餐馆、食品卫生 A 级单位、中华餐饮亿元店、白金五钻酒家，并于 2015 年获得国家钻级酒家示范店和北京市安全文化建设示范企业称号，连续六年评为"北京餐饮门店 100 强企业"称号。

　　针对国内外经济形势，曹忆南同志果断提出"不间断地实施经营结构调整，不间断地实施管理环节的细化，不间断地进行企业整体素质的提升，持续打造核心竞争力，持续创造全新概念的和谐状态的调整转型方针，为企业的再次腾飞创造条件。

　　在他的倡导下，企业将原有公关销售与餐厅合并为客服运营部，服务流程整体前移，建立个性化、定制化服务的创意平台；新建采供部、信息中心，清晰专业职责，推行数据化管理。他带领员工深刻分析经济形势，探索营销新规律，建立客户会员体系，完善忠诚客户管理；开通官方网站、微博、微信平台，员工微信群，创办微信周刊，组织线上线下的立体营销；参加社区"邻里守望"活动，定期慰问居民困难户，参加敬老院上门服务，在国家话剧院和天桥演艺中心连续两年专业化演出全聚德员工版话剧《天下第一楼》，拓展企业知名度、美誉度；他还兼任北京市西城区大栅栏琉璃厂商会监事长，积极参与地区商会和行业协会活动，创建"大栅栏琉璃厂地区老字号诚信联盟公约"平台，摸索跨业经营新模式，促进地区老字号企业文化广泛传播。

　　他注重企业教育培训工作，鼓励各部门开展丰富多彩的培训活动，突出文化素质培养，激活员工创意思维，推动专业化、定制化、艺术化、亲情化的新形象展示服务、绿色环保服务。他将员工诉求与企业人力资本统一到核心竞争力的打造中，倡导"大度大气，厚道厚实"的企业文化风范，向心于"中国梦"、"企业梦"的宏伟愿景。

　　在曹忆南同志的带领下，和平门店员工同心协力，扎实苦干，出色地完成了经营指标任务，2015 年全年接待宾客 74.92 万人次，实现营业收入 2.23 亿元，实现利润 3001 万元。2015 年，和平门店圆满完成接待中共中央政治局委员、国务院副总理汪洋等重要宴请活动，"首届两岸媒体人联席会座谈会"欢送晚宴等接待活动，以及赴瑞士参加"中国美食节"美食服务展示、外出宋庆龄故居举办的中日友好饮食交流协会晚宴服务等多项外派任务，取得良好的经济效益和社会效益。曹忆南同志先后荣获"国家钻级酒家优秀管理者"和"2014 年度北京餐饮十大经济人物"称号。

# 一个带领企业稳健前行的人
## ——记北京西飞世纪门窗幕墙工程
## 有限责任公司总经理彭进贵

## 企业家档案

彭进贵，男，54 岁，毕业于中国农业大学，本科学历。现任北京西飞世纪门窗幕墙工程有限责任公司总经理。

和彭进贵先生打过交道的人都说，彭进贵先生在生意场上有一种气场，而这种气场形成于早年白手起家、艰苦创业，一步一滴汗水走出来的踏实和稳健。

商海里三十多年摸爬滚打，造就了彭进贵先生自立的精神和对未来具有独具慧眼的胆识。企业从当年一个铝门窗经销部雏形发展到今天注册资金 10300 万元、持有建筑幕墙工程专业承包壹级、建筑幕墙工程设计专项甲级等资质荣誉的国家高新技术企业，这一路的艰辛、辉煌和成就与彭进贵先生息息相关。

彭进贵先生非常注重企业品牌的塑造，坚持做性价比最好的门窗幕墙。他带领团队以"品质为上、信用为本、创新为先"的科学发展经营理念，紧盯市场，瞄准前沿，有的放矢，从企业经营方向、目标的规划与设计，到战略过程的组织与控制，再到策略的执行与实施，全面推行新型企业管理机制及现代化的市场运作模式。几年间，研发各类专利 30 余项，成功打造建筑幕墙系统、采光顶类及铝合金节能门窗、功能门窗、门窗系列装饰等具有核心自主知识产权的"西飞幕墙"系列产品，稳固了企业核心技术储备能力，提升了企业适应新常态下的市场竞争力。"西飞幕墙"系列产品作为北京知名品牌连续多年被列为"全国建设行业科技成果推广项目"，"高性能隔热铝合金窗系统""建筑外窗节能附框"项目均被列入北京市绿色建筑适用技术项目。公司连续三年被住建部授予"全国建筑节能与建设科技推广服务平台会员单位"、科学计划项目"技术支撑单位"等殊荣。

　　彭进贵先生管理企业一向主张稳中求进，而他这一理念越到行业遇到困难的时候表现得越明显。近几年门窗幕墙行业不好做，当其他公司大起大落时，他的企业却在稳步上升。他认为"危机是一把双刃剑，企业遭遇拐点，也是起点。如何应对并融入市场新趋势，关键还在技术创新、管理创新。"这是他对产品和团队的自信。

　　彭进贵先生以身作则做善事，直接影响着员工们的人生观和价值观取向。在他的家乡温州市洞头区建立的"西飞扶贫助学基金"已经运行多年，他说回馈父老是他的责任。多年来，他和他的团队一直在帮扶带动家乡的年轻人走出来就业、创业，对有创业思路的员工更是"扶上马，送一程"，培养了十几位小老板。都说北京西飞世纪幕墙公司人气旺，准确地说，这更是一种人格的吸引。彭进贵先生和他的团队一如既往地积极参与社会慈善活动，吸纳大中专毕业生、农转非人员及流动人口就业，先后为汶川地震灾区、家乡洞头区五岛连桥建设等捐资救助，为地方经济社会繁荣、稳定做出了积极贡献。

　　北京西飞世纪幕墙公司作为中国建筑幕墙行业百强企业、中国建筑装饰行业著名企业，已经走在了行业的前沿，这就是企业家彭进贵先生历经磨砺、从无到有、踏实做事、诚信做人，带领企业在稳健前行中所创造的辉煌。

# 弘扬首钢精神　勇于担当重任

## ——记首钢京唐钢铁联合有限责任公司总经理王涛

## 企业家档案

王涛，男，53 岁，中国共产党党员，毕业于北京钢铁学院，本科学历。现任首钢总公司总经理助理兼首钢京唐钢铁联合有限责任公司党委副书记、总经理。

王涛同志历任首钢炼铁厂工长、炉长、党委书记、厂长，首钢总公司总调度室炼铁处副处长、处长，首钢总公司生产部部长兼新钢公司副总经理，首钢京唐公司炼铁作业部部长、总经理助理、常务副总经理，首钢总公司总经理助理兼通化钢铁集团股份有限公司党委常委、董事长、总经理，现任首钢总公司总经理助理兼首钢京唐公司党委副书记、总经理。他亲历了首钢搬迁调整的全过程，参加工作 30 年来，从基层生产一线干起，逐步锻炼出了优良的经营管理和领导才能，并走上领导岗位。他深受首钢文化和精神熏陶，既传承了"敢闯、敢坚持、敢于苦干硬干"的老首钢精神，又发扬着"敢担当、敢创新、敢为天下先"的新首钢精神。在首钢重组通钢后，临危受命，带领干部职工走出"通钢事件"阴霾，走向发展新生。其雷厉风行、敢做敢当的行事风格，以及通钢前后的发展变化，受到企业上下的一致认可和吉林省市各级政府的肯定，并受到国务院国资委主管期刊《国企》等媒体的高度关注和深入报道。2015 年担任首钢京唐公司行政一把手后，他顺应国有企业改革的国家要求和企业发展的内在需要，大刀阔斧实施系列改革，促进了企业发展活力的进一步释放；结合企业发展现状，坚持技术和管理双轮驱动，崇尚技术发展、管理精细的理念得到极大发扬；切实履行国企社会责任，在推动区域环境、经济、社会发展等方面，开展大量卓有成效的工作，受到行业及地方政府的高度认可；积极协调并启动京唐二期工程项目，彰显了首钢以及京唐公司在深入落实京津冀协同发展国家战略中

的示范作用。2015 年以来，在王涛同志带领下，首钢京唐公司获得专利授权
70 项、省部级以上科技成果奖 10 项、企业管理现代化创新成果奖 4 项，通过
国家、冶金行业标准审定 4 项，其中获国家科学技术进步二等奖、全国企业
管理现代化创新成果二等奖各 1 项；一期项目环评落实情况受到国家环保部
委托的民间机构组织"好空气保卫侠"的高度认可，并获第九届中华宝钢环
境奖。

# 东华软件的领头人

## ——记东华软件股份公司总裁吕波

## 企业家档案

吕波，男，1988 年硕士毕业于沈阳工业大学电器计算机辅助设计专业，硕士学历，毕业后分配到北京机械工业学院，先后任自动化系讲师及电器 CAD 研究所所长；1991 年任中国机械电脑进出口公司销售经理；1992 年任加拿大 ONYX 公司北京办事处销售总监，做系统集成业务；1993 年任北京东华诚信电脑科技发展有限公司副总经理，负责市场开拓；2001 年至今，任东华软件股份公司（原北京东华合创数码科技股份有限公司）副董事长、总裁。

自 2001 年东华软件股份公司成立以来，吕波一直担任公司总裁，拥有 20 多年的计算机系统集成及应用软件解决方案营销经验和企业管理经验。他带领公司管理团队，以客户为核心，技术服务为根本，从事医疗、金融、电力、政府、电信等全国各行业的应用软件研发、集成、服务等工作。

多年来，吕波总裁成功组织并领导完成了数个在国内有影响的计算机网络系统集成大型项目和软件开发项目，如"国家电力调度数据骨干网""黑龙江省智慧纪检系统""内蒙古水利信息化建设""智慧城市项目建设"等。

东华软件自 2006 年上市以来，基本实现了每年 30% 以上的业绩稳定增长。目前公司注册资金 15 亿元，市值 300 多亿元。公司以应用软件开发、计算机信息系统集成、信息技术服务及互联网＋为主营业务，2015 年营业总收入 56.29 亿元，利润总额 12.39 亿元，居国内同行业最前列。

关于企业发展方向，吕波总裁认为，对于软件开发及 IT 服务企业而言，技术与服务是企业生存的根本。而企业业务发展，不能单靠一个行业业务支撑，必须在不同行业为不同客户提供产品与服务。这样既降低了用户服务成本，又能提高客户服务质量，同时大大增强了企业的抗风险能力。东华软件目前涉足国内多个行业，多年来，公司一直坚持在各个行业深层耕耘，很多行业已做到了全国领先。

作为公司总裁，吕波领导公司管理团队严格执行董事会制定的各项规章制度。早在 2008 年，吕波即被评选为"海淀科技园区优秀青年企业家"。

东华软件近年来的快速发展备受行业瞩目，其间吕波总裁的努力和付出自然不可或缺。在不久前揭晓的 2015 福布斯中国上市公司最佳 CEO 榜单中，东华软件股份公司副董事长、总裁吕波再次荣誉上榜，并从 2014 年的第 16 位跃居 2015 年榜单第 9 位。

# 大爱担当    实业报国
## ——记神州高铁技术股份有限公司董事长王志全

## 企业家档案

王志全，男，53 岁，汉族，中国共产党党员，北京交通大学硕士研究生毕业。现任神州高铁技术股份有限公司董事长。

"千磨万击还坚劲，任尔东西南北风"，四纵四横的高速铁路网络，彰显着中国轨道交通的历史巨变，也见证了王志全事业的成长，折射出一个企业家潜心实业，用近 20 年坚守轨道交通的历程。

### 学者型企业家

王志全是典型的学者型企业家。1991 年，他从北方交通大学机车车辆专业毕业，获工学硕士学位。毕业后，由于成绩突出，留校任教，成为一名教师。后在创业大潮的鼓舞下，创立北京新联铁公司，实业报国。

王志全在专业技术和企业管理两方面都取得了令人瞩目的成就。在专业技术方面，他于 2014 年获得北京市高级专业技术资格评审委员会授予的教授级高级工程师资格，被北京交通大学聘为兼职教授。在商业领域，他的成就也获得了广泛认可，先后荣获中国自主创新领军人物奖、和谐中国 2010 年度十大杰出企业家、中国优秀民营企业家等荣誉称号。他还担任了众多社会职位，包括中国经济 50 人论坛企业家理事成员、中关村 100 企业家俱乐部理事、中关村民营科技企业家协会常务副会长，以及北京交通大学校友企业家协会副会长等。

### 商业大成者

"科技是第一生产力"，王志全本身具有深厚的技术背景，十分重视技术研发，坚持技术创新，亲自担任研发团队负责人。截至 2015 年年底，神州高铁旗下拥有 254 项国家技术专利、66 项产品软件著作权、20 余项产品通过了铁道部评审和鉴定，7 项核心产品被认定为"北京市自主创新产品"。

自 2012 年始，新联铁先后并购了南京拓控、株洲壹星、华兴致远等企业。2015 年，又收购了武汉利德和交大微联两家企业。一系列的并购，丰富了公司的产品业务线，使公司实现了覆盖机务、工务、信号、车辆、供电、站场六大领域的全产业链布局，成为轨道交通运营维护领域第一家涵盖全产业链的主业上市公司，有助于发挥协同效应，为客户提供更加优质的服务。

目前，公司市值接近 300 亿元人民币。从 2013 年到 2015 年，公司营业收入从 5.56 亿元增加到 19.27 亿元，利润总额从 1.34 亿元增加到 4.84 亿元，上缴利税从 0.55 亿元增加到 3.17 亿元。

## 大爱感恩者

尽管已经事业有成，王志全还是保持着一贯的谦逊和艰苦奋斗的作风。他感恩社会，积极履行公司的社会责任。他认为社会是企业生存的土壤，没有社会的营养，哪有企业的成长？汶川地震、北京 7.21 特大暴雨，他都积极捐款援助；他积极创造就业岗位，为当地政府和街道解决劳动力就业问题；他要求企业按时足额缴纳各种税费，积极支持地方财政收入；他热心环境保护和资源节约，旗下子公司均取得了 ISO9001 认证，同时将公司的生产制造职能放到河北廊坊，率先实现了"首都智造"。

他感恩母校，积极践行校友责任。2009 年，他出资 100 万元在北京交通大学设立了新联铁教育基金，并两次追加，累计已出资 300 万元。2011 年，公司股改时，以资产价格为交大基金配股，目前该基金已获利近 3000 万元。2015 年，他又出资 500 万元在北京交通大学设立了"北交大－神州高铁－晨星梦想基金"。这是他回馈母校、反哺下一代的拳拳之心。

知责任，敢担当，大爱行者王志全先生，在"铁路报国"梦想的指引下，相信会给中国轨道交通产业、给社会做出更大的贡献。

# 致力于为社会做贡献的民营企业家
## ——记北京兴科迪科技有限公司董事长白云飞

## 企业家档案

　　白云飞，男，56 岁，无党派人士，毕业于亚洲（澳门）国际公开大学，硕士学历，现任北京兴科迪科技有限公司董事长。

　　白云飞同志在创办企业的同时，兼任北京市海淀区政协委员、北京市海淀区工商联常委、中国电子商会常务理事、中国标准化委员会理事、中国汽车标委会理事、中国北斗联盟副理事长、北京汽配商会副会长、钱学森创新委员会委员、北京市民营企业家协会常务理事、海淀区私营个体经济协会理事、海淀区国税局特约监察员等职务。多年来荣获以下奖项：2006 年 6 月获得北京杰出民营企业家、2007 年获得北京市第七届"科技之光"优秀管理企业家奖、2010 年获得海淀区工商业联合会优秀会员、2014 年 4 月获得首都劳动奖章、2014 年在中共北京市海淀区委统战部组织的"坚持和发展中国特色社会主义"知识竞赛活动中荣获一等奖、2015 年 1 月获得最活跃企业家奖。

### 专注于技术研发的企业创新领头人

　　白云飞同志带头进行技术研发，先后完成了汽车防眩内后视镜、电动防眩内后视镜线束盖、带有电子指南针显示的汽车后视镜、带有倒车雷达显示的汽车后视镜等多项产品研发。目前公司累计申请专利 673 项，已授权 382 项，白云飞同志作为发明人申请的专利有 103 项，其中多项填补了国内空白，引领兴科迪成为汽车电子行业中的佼佼者。

### 引导企业进行国际化经营的开路人

　　白云飞同志认为公司要想做大做强一定要紧跟国际最新技术的步伐，业务与产品一定要与国际接轨。因此在其引领下，公司每年都会投入一定的资金，组织骨干员工远赴美国、德国、马来西亚等参加世界级的行业展会，开阔眼界、了解最新的技术和产品动向，同时寻找优秀的合作商，目前公司也聘请了德国、英国、美国、韩国、巴西等多个国家的专家长期坐镇，保证技术先进性。

# 信息资源整合之道

## ——记中关村科技软件股份有限公司董事长兼总经理罗群

## 企业家档案

罗群，男，48 岁，毕业于中国科学技术大学，本科学历。现任中关村科技软件股份有限公司董事长兼总经理。

作为中国信息资源管理的先行者、实践者和领导者，中关村科技软件股份有限公司专注于以大数据和云应用为核心的信息资源开发和利用。

罗群带领公司团队，以振兴自主创新的中国高端软件业为使命，持续创新，带领公司发展成为中国最专业的平台级软件公司、中国最领先的政府大数据和云应用服务商之一。

（1）在核心基础平台方面。

罗群带领技术团队，经过 13 年的研发积累和持续创新，拥有国内国际领先的 CenGRP 核心基础平台产品套件，集先进架构、应用支撑、资源管理、系统整合、开放连接、高效工具于一体的资源整合和应用支撑中间件平台，已为超过 150 个高端客户提供核心基础信息平台服务。其中，核心部分是 2015 年发布的 CenCLOUD 中关云应用开发和运行平台，是一个全云架构的新一代应用开发和运行平台，可快速、高效构建随需而变的大型应用。

（2）在数据共享交换、大数据、信息资源管理等关键业务应用领域方面。

罗群带领业务团队，构建先进的 CenAP 应用平台系列产品，以数据处理为核心业务，提供各类信息资源的采集接入、处理组织和应用服务，快速构建政府行业数据体系和关键业务应用，已在国家森林资源、专利知识产权、海洋信息处理、环境保护综合业务等重要业务系统中运行和服务。其中，核心部分是 2015 年发布的 CenBDP 中关大数据平台和全新 CenDXS 中关数据交换平台，可实现政府大数据的全模式和全生命周期管理，已经服务于逾百个、涉及政府决策、经济发展、人口统计、民生服务、公共安全、社会保障、交通运输、城市基础设施等 8 个领域的大型政府行业应用系统。

（3）在政府（政务、社会、城市、经济）行业市场方面。

罗群带领市场团队，提供一流的 CenSOLUTION 解决方案服务（源自中国高端优质政府客户、超过 10 年的共同成长和创新发展的知识和实践），以首都北京为业务创新中心和业务实践典型样本，将首都北京的政府管理和服务的完整体系、领先设计、创新能力和实践经验，推广应用，实现持续成长和创新发展。公司的主营业务收入连续 5 年每年增长 25% 以上，公司最近 9 年始终保持正经营现金流入，负债率保持在 5% 以内，各项业务健康有序。

（4）"未来软件公司"。

作为中国领先的创新软件公司，定义未来五年的软件是：以开放的"超级平台"为技术支撑，实现全数据和云服务为基础的集约化智能系统，重构客户的基础设施和关键业务，提供全新的创新服务和运营，创建新一代的应用和服务生态系统。

罗群带领团队，致力构建中国全新一代的未来软件公司，真正实现"信息资源整合之道"。

# 灵山秀水　山茶飘香
# 特色运营　造福一方
## ——记北京灵之秀文化发展有限公司董事长张建民

## 企业家档案

张建民，女，48 岁，中国民主建国会会员，毕业于北京行政学院工商管理专业，研究生学历，高级茶艺技师。现任北京灵之秀文化发展有限公司董事长。

张建民是北京灵之秀文化发展有限公司董事长，多年来，一直致力于京西山茶、农产品研发、特色茶旅游文化等开发。在人们看来，茶历来就是南方的特产，北方是不产茶的，特别是北京，而张建民却在京西门头沟，建起了千亩山茶园，在太行山高山盆地中打造出了"山茶小镇"，续写了中国茶经的新篇章！

2002 年，张建民带领她的团队在整理、恢复、深入挖掘"京西山茶"传统技艺的基础上，对野山茶的传统加工工艺进行了改良，利用京西野生山茶资源，首次开发出灵之秀野山茶系列产品并投放市场，使京西大山中的野生黄芩走进了市民生活。

2005 年，为解决资源问题，她带领山区农民在灵山脚下试种的 400 亩黄芩取得成功，进而向门头沟全区推广种植了近 10000 亩。黄芩茶的销售量和百姓认知度不断提高；2007 年灵之秀野山茶的传统加工工艺被列入了《京西非物质文化遗产名录》代表作；2008 年初，在北京市门头沟区灵之秀野山茶协会的基础上，张建民筹资 600 多万元在北京市门头沟区雁翅镇大村建立了黄芩等农产品加工厂，与大村地区的跃进、山神庙、大村等 6 个行政村的黄芩种植户联合成立了北京灵之秀生态农业专业合作社；还投资近 1000 万元建成了雁翅镇首家有机农产品加工厂，建筑面积 12000 平方米，拥有现代化的茶叶加工生产线、干果加工生产线和自动包装机床，设有产品化验室、茶叶品评室等。

张建民董事长利用业余时间潜心研究，在北京市农林科学院的技术指导下独家开发的"北方之嘉木"——灵之秀牌野山茶系列产品，以其"色鲜润、香浓郁、味醇爽、形秀美"四大品质特点以及绿色有机、不影响睡眠的显著特点，颇受消费者青睐，研发的黄芩茶品种有黄芩翠芽、黄芩翠珠、黄芩禅茶、黄金叶、黄金瑰等20多个品种。她还推出了"文游合一""农游合一""茶游合一"的新举措，以文化做平台，推动了山茶旅游业的发展。

张建民的企业在健康地向前发展，她以"公司＋合作社＋基地＋农户"模式管理企业，形成了"两基地""两中心""两茶楼"和"多个销售网点"的特色运营格局，灵之秀公司被评为"全国三八红旗集体""农村先进经济组织""首都绿色企业"；灵之秀农民专业合作社被评为"首批国家级示范社""全国农业休闲旅游四星级园区""北京市农业农村信息化示范基地"；灵之秀黄芩种植基地被评为"国家林下经济种植示范基地""中国茶叶科普教育基地""北京市科普教育基地""北京市中医药文化旅游示范基地"；2015年"灵之秀"商标成为北京市著名商标，同年，张建民当选为北京市农产品产销信息协会会长，为此，她提出了搭建北京市农产品"种加销用"新平台的构想，目前，她正带领协会的工作人员为实现这一构想而忙碌地工作着。

如今，黄芩茶成了门头沟特产的名片，灵之秀成了门头沟茶产业的代表品牌，拉动了当地的经济发展，张建民董事长带领门头沟区雁翅镇农民走出了一条绿色富农、以茶富农的特色路，成为京西山茶产业的领头雁。

# 北京嘉和一品企业创始人
## ——记北京嘉和一品企业管理有限公司董事长刘京京

## 企业家档案

刘京京，女，44 岁，北京人，汉族，大学本科，经济学学士。现任北京嘉和一品企业管理有限公司董事长兼总经理。

北京嘉和一品企业管理有限公司创始人刘京京，1996 年毕业于首都经贸大学。刘京京女士是中国民主建国会会员、政协委员、青联委员、工商联会员，还担任多个社会团体、协会的副会长、理事、主任等。并荣获多届优秀政协委员、中国民主建国会优秀个人、中国信用建设十大突出贡献人物、第三届创业中国年度十大杰出女性、三八红旗手、中国餐饮业年度十大人物、中国餐饮业优秀企业家等数项殊荣！

1992～1996 年经营"东方华玉礼品公司"；1996 至今创办经营"1123"生活服务网等 30 多家实业；2004 至今创办经营北京嘉和一品企业管理有限公司，连锁餐厅已达 100 多家。

经过 10 多年的努力，嘉和一品的经营领域已由单一的餐饮连锁经营，发展成为集高品质农产品加工及食品销售、连锁餐厅经营、智慧餐饮便民生活服务提供于一体的多元化健康饮食及餐饮服务提供商。历年来，公司累计纳税上亿元，同时，带动上下游产业，实现数十亿元的社会效益。

公司创办以来，在业界取得了骄人的成绩，嘉和一品已在京津晋冀鲁发展连锁餐厅 100 多家连锁店，其中北京区域的所有店面为早餐示范店，为改善市民早餐，做出了突出贡献。公司积极建立培训基地，培养各方面的优秀人才，为社会承担了万余人的专业资格的培训，安排就业万余人次，为社会就业做出突出贡献。

嘉和非常重视环保节能，处处践行环保理念，成为低碳环保先锋。中央厨房本身集约化、规模化生产，就可以大量节约能源；采用全自动运水烟罩设备，隔油效果可以达到93%；公司顺义总部基地又安装了新型无污染锅炉，且通过自主设计研发的回收装置将热处理过程中产生的蒸汽及蒸馏水直接导入供暖系统，实现循环再利用，节能降耗。

作为首家全面实现信息化、数据化、精准管理的餐饮连锁企业，嘉和经过多年的摸索、实践，自创了流程化、标准化、精确化和远程化的科学四化管理。

刘京京女士作为企业家代表以及餐饮行业代表积极向政府建言献策，为餐饮"非现场消费增值税"的税率下调以及营改增的改革起到推动作用。多次代表行业参加政协、人大、发改委、商务部、财政部、国税局等部门的调研、座谈。发言中翔实的数据分析，客观的行业洞察，受到了与会领导的高度重视。参与法规制定研讨如《食品安全法》《餐饮服务食品安全操作规范》《食品生产许可管理办法》《网络经营食品安全监督管理》《饮食建筑设计规范》《北京市居家养老条例》等，以及"非公经济发展"、"社会诚信建设"等数十次行政部门调研座谈；对于推动行业的规范和发展起到重要作用。政协提案多次获得优秀提案奖。近年来，作为优秀企业家及行业代表在8次国际会议、16次国家级会议和45次行业会议上做主题发言或论坛嘉宾，担任重大会议主持12次，自身企业接待国内外参观来访嘉宾5000余人；接受电视媒体专访报道20多次，网络媒体专访报道50余次，报纸杂志专访报道100余次；为提升行业形象，促进行业发展，做出了积极的贡献。

# 勤劳奋发，坚韧不拔，构建创新型节能企业
## ——记北京鸿恒基幕墙装饰工程有限公司总经理杜姝琛

## 企业家档案

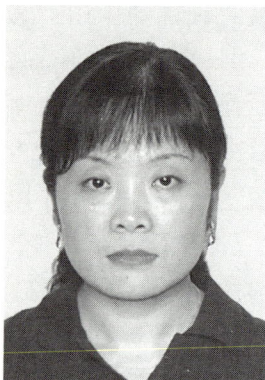

杜姝琛，女，46 岁，汉族，中国共产党党员，毕业于贵州工学院，大学本科学历。现任北京鸿恒基幕墙装饰工程有限公司总经理。

杜姝琛总经理长期从事节能建材技术与企业管理工作，具有强烈的事业心和进取精神，尊重科学，实事求是，学风正派，坚持科学发展观，运用现代先进的管理方法和理念，使企业持续、稳步、全面发展。

（1）从基层岗位的历练，学以致用，勤奋、敬业赢得赞誉。

杜总 1994 年从贵州工学院冶金系钢铁专业大学本科毕业，到公司后从基层工作岗位做起，任劳任怨，除了完成本职工作外，还积极学习 CAD 制图、互联网、国际质量管理体系的知识，表现出很强的学习愿望和能力。参加公司外商谈判活动，表现出很强的综合素质，在每个岗位都能兢兢业业、不断追求卓越，不畏困难，学以致用。在推广公司隔断桥发明专利产品的市场商业洽谈中，兼备技术和商务谈判的能力，获得用户好评并愉快地签订合同，为专利产品迅速进入市场奠定了良好的基础。

工作中以责任、任务为重，不计较个人得失，遇到困难时坚定信念，积极参加公司的重要工作，取得优异的成绩，获得公司嘉奖和各级政府的表彰。

（2）从基层走向管理岗位，以科技创新、现代化管理方式提升企业竞争力。

2010 年担任北京鸿恒基幕墙装饰工程有限公司总经理，与科技创新团队一同研发至今具有国家发明专利的灌注断桥节能门窗系统，在当时市场还在使用普通质量差、不节能的铝合金门窗时，能向世界先进水平的产品性能看齐，实现研发、生产和市场开拓多方面的整体提升，最终具有发明专利的产品研发成功，在多项重点工程中使用，十多年后的今天产品仍保持其技术的

先进性，获得了客户的高度评价。这次的产品升级，增强了企业的核心竞争力，国内外客户慕名而来，继而带领团队，继续拓展国内外市场，以满足并超越客户对产品和服务为目标。

2006年参加国际商务考察后，开发保温卷帘门窗产品，与公司节能门窗保温窗实现产品一体化，提高产品的综合性能和品质，产品走向国际市场，占领国内中高端市场，提高居住环境的节能和舒适性。在拓展国际市场的同时，不断引进、吸收先进的产品和管理知识，提高企业的管理水平，推广精细化管理、清洁化生产的理念，减少噪声、气体排放、污水的产生。

在公司生产环节，充分进行边缘学科知识的综合运用，进行产品创新、加工流程创新、设备创新，降低员工劳动强度，减少能源使用，使用清洁能源，公司获得国际质量管理体系、环境管理、职业健康安全管理三个体系的认证。

（3）品格质量铸就诚信，成为最宝贵的财富。

从1994年至今20余年不同岗位工作中，杜总以对企业的高度忠诚，对工作的高标准要求，对客户、对社会的责任感，铸就了诚信企业的典范，保持与知名企业和单位的长期的战略合作。在服务用户的同时，企业也获得了较好的经济效益，公司的多项经典工程获得了众多的奖项。

多年的工作经历，以高尚的品格、先进的理念和产品高品质铸就了诚信，已经成为最为宝贵的财富，被客户和社会所认可。

（4）以人为本，追求员工、企业、社会的和谐发展。

员工是企业的根本，充分调动员工的积极性，打破原有工作部门的严格界限编制，以人的特质设计部分岗位，充分发挥人的主观能动性，激发员工的潜质，平凡的人创造出卓越的产品、管理方式，降低综合成本，提高企业的综合竞争力。使员工、企业稳步发展，为和谐社会贡献应尽的责任和义务。

（5）积极参加社会活动，深知企业发展的同时不忘社会责任的重担。

参加社会活动，获得通州区政协优秀提案奖，积极建言献策。公司各项工作的开展始终以人为本、安全第一、环保节能为宗旨，企业发展的每一步都不能给我们赖以生存的环境带来污染和破坏。

多年努力工作，获得政府、社会的多项荣誉，其中主要包括：北京市通州区第一届政协委员，并获得优秀提案奖；2005年北京市通州区张家湾镇优秀共产党员；北京市通州区2005年建设委员会科技创新工作先进个人；2006年至2008年北京用户满意杰出管理者；2008年至2010年北京用户满意杰出管理者；中国企业家协会、中国企业联合会第一批职业经理人。

# 勇于拼搏创佳绩　创新突破寻发展

## ——记北京泰华集团常务总经理秦先均

## 企业家档案

秦先均，男，42 岁，汉族，四川省达州市人，毕业于北京建工学院，本科学历，工程师。1993 年参加工作，现任北京泰华集团常务总经理。

秦先均同志是一位扎实肯干、勇于创新的优秀企业家。作为集团常务总经理，他凭借自身优秀的领导管理能力、精湛的专业技术、扎实的工作作风和勇于开拓创新的精神，带领团队顺应改革形势，寻求转型发展机遇，不断完善企业管理制度，推动企业发展迈上新的台阶。

### 精益求精，打造优质产品及服务

秦先均同志 2002 年进入企业后，积累了丰富的建筑生产经验，凭借对产品品质精益求精的工作态度，深得企业领导赏识；2005 年被提拔为集团所属物业公司负责人，破旧立新、迎难而上，成功带领物业公司首次实现扭亏为盈，全面提升了物业服务的品质；2008 年被任命为集团生产副总经理后，成功主持近 26 万平方米的泰华集团首个大型城市综合体项目——泰华龙旗广场项目的全过程开发建设工作，在产品设计生产中大力引入节能减排与科技环保的理念，并通过经营创新成功打造了中小型创新企业融商、融智、融心的资源平台和社区和谐文化生活聚集平台。

### 开拓创新，寻求企业发展的转型突破

在推进新一轮的农村综合改革政策的引导下，秦先均同志抓住机遇、着眼全局，深入研究新型城镇化综合规划，曾多次深入到农村一线，现场调研搜集资料，积累了大量三农问题的研究与实践经验，牵头编制了房山芦村、滁州智慧农业项目的综合规划，获得了各级领导的高度认可和社会各界的广泛关注。在房地产行业整体面临深刻转变的背景下，秦先均同志认真研究内

外形势，积极探索京津冀一体化背景下的投资机遇以及国际化、跨区域发展机会和新型合作模式，不断推动传统产业转型升级、主导产业做大做强。通过政企合作、联合开发等方式推进达州文化旅游开发等跨区域综合项目的落地，在新的形势下为企业转型升级发展寻求突破。

### 审时度势，推进新形势下的企业组织架构改革

随着国家政策环境、市场环境的变化以及集团战略的调整，企业的主营业务发生了实质转变。战略决定结构，秦先均同志审时度势、锐意改革，牵头对于企业现有组织管理架构进行了全面调整和优化，经过组织架构优化，加快了对现有资源的整合力度，提高了整体核心竞争力。此次改革得到了集团董事局的高度认可和集团上下员工的积极响应与一致认同，为企业的长远发展奠定了坚实的基础。

多年来，秦先均同志以精益求精、严谨务实以及积极创新的精神感染着身边的每一位职工，带领着企业一步一个脚印踏实地向前迈进。他的工作得到了各级领导的充分肯定，也获得了社会各界的好评，深得企业员工的信任。他本人多次被评为房山区优秀开发企业经理、先进工作者等称号，2010 年荣获中国建设行业百名管理英才荣誉称号。

# 达兴电控领头人

## ——记北京达兴电控开关设备有限公司董事长舒宝生

## 企业家档案

舒宝生，男，54 岁，毕业于北京市四十五中学，高中学历，现任北京达兴电控开关设备有限公司总经理。

1992 年，北京市海淀区香山门头村成立了一个为各类残疾人提供就业岗位的福利型企业——海淀区达兴电控厂。

两间简易的小厂房、三十几名由村民组成的员工队伍，没有先进的机器设备、没有专业的技术人员、屈指可数的几个客户……面对创业初期的这些恶劣条件，企业的带头人——舒宝生没有畏惧，带领着全体员工克服重重困难，一步一个脚印、踏实稳步地向前走。在他的带领下，企业不断发展壮大，当初的简易小厂房已经被四个规模化的大生产车间替代，员工也从最初的三十几人发展到了如今的二百人。

为了适应市场经济，2008 年 3 月企业由乡镇企业转制为股份制企业，由村民自行管理。公司也由原来的"海淀区达兴电控厂"更名为"北京达兴电控开关设备有限公司"。转型过程中舒宝生一人承担了公司注册增资的重任。由于村民的信任、员工的厚望，大家一致推举舒宝生总经理继续留任，继续为达兴电控这艘企业巨轮航行掌舵。

随着企业的不断发展壮大，舒宝生总经理意识到科学管理、规范管理的重要性，于是带领企业在 1994 年通过了计量认证，1996 年取得了生产许可证，1998 年通过了 ISO9001 质量管理体系认证，2003 年通过了中国质量认证中心"CCC"认证，2008 年通过了 ISO14001 环境管理体系和 OHSMS18001 职业健康安全管理体系认证，2011 年 11 月通过了北京市首批安全生产标准化体系认证，2016 年 6 月通过了 GJB 9001B—2009 国军标质量管理体系认证。

　　企业发展过程中，舒宝生总经理不忘为国家发展贡献自己的力量。2014年，舒宝生总经理带领公司全体员工共同努力，通过了航天二院的资格审核。2015年公司开始为航天二院加工军品。为了保证产品质量，舒宝生总经理出资安排优秀员工到航天二院实地学习，经过严格考试后再安排上岗。加工过程中，严把质量关，确保交付的军品无任何质量问题。

　　随着房地产市场的萎缩，公司主营业务也随之下降，为了保持企业的平稳发展、保证员工的收入，舒宝生总经理多次组织管理人员研究探讨，最终确定于2015年增加服务改造市场业务。此项业务主要是对老旧小区的配电柜进行维修养护、改造升级、保证设备安全运行，从而增加了企业服务社会的功能。

　　2016年，舒宝生总经理开始加强企业团队建设。在与同行业企业家交流中，舒宝生总经理认真了解对方企业的用人制度，组织公司管理人员进行研究探讨，细化了员工薪酬管理制度，制定了科学可行的绩效考核方案，内部提拔积极上进人才，外部引进专业人才……通过一系列举措，大大提高了生产效率和产品质量，员工的满意度也比以前有了明显的提高，员工队伍稳定性比2015年有了较大的提升，公司管理明显上升了一个新台阶。

　　凭着过人的灵性、悟性与人性，实力、努力与耐力，在行业协会及北京市企业发展促进会的引导下，舒宝生总经理将与达兴员工一起努力，带领达兴走向更加辉煌的明天！

# 敢于拼搏进取　创新管理兴企

## ——记北京蓝调庄园文化发展有限公司董事长李玉立

## 企业家档案

李玉立，男，1966 年 1 月出生，北京朝阳区人，2006 年 7 月毕业于澳门科技大学，企业管理专业，硕士学位，经济师、工程师职称。现任北京蓝调庄园文化发展有限公司、北京慧远电线电缆有限公司董事长兼总经理。并担任北京市政协委员，北京市工商联副主席、北京市乡镇企业协会副会长、朝阳区工商联副主席。曾先后获得国家农业部授予的"全国创业带动型优秀企业家"；中共北京市委统战部等部门授予的北京市第三届"优秀中国特色社会主义事业建设者"；被中共北京市朝阳区委统战部评为"第一届朝阳区优秀中国特色社会主义事业建设者"；被中共北京市朝阳区委统战部评为"首都统战系统参与奥运、奥运先进个人"；被朝阳区政府评为"朝阳区专业技术、管理拔尖人才"。

李玉立所在公司是农业部"全国诚信守法乡镇企业"，国家奥运工程建设线缆定点采购企业之一。曾先后被国家农业部授予"全国创业带动型优秀企业"；中华全国总工会授予"全国五一劳动奖状"；被北京市人力资源和社会保障局、北京市总工会评为"北京市就业与社会保障先进民营企业"；获得中共北京市朝阳区委员会、北京市朝阳区人民政府授予的"北京奥运会、残奥会集体功勋奖"。

（1）敢于拼搏进取，创新管理兴企。李玉立于 1994 年 6 月创建慧远公司，历经十几年的艰苦创业，如今已从当初的十万元原始资本、作坊式企业转变成为一个注册资本 8000 万元、拥有员工 500 余名的北京地区规模最大的线缆专业生产企业。公司年生产各类线缆可达 100 万公里，年销售收入 5 亿多元，实现利税上千万元。

（2）着手时尚创意，低碳环保壮企。2008年7月，他着手筹划建设蓝调庄园。该项目占地1200亩，定位于高端文化创意服务业，是目前国内规模最大、最专业的婚礼服务中心，能同时举办30场主题婚礼，推出了包括婚纱摄影、婚礼策划、婚庆婚宴的一站式婚礼服务，同时为新人提供薰衣草草坪婚礼、空中花园婚礼、岛上教堂婚礼、直升机婚礼等各种特色主题婚礼。2015年举办了800场主题婚礼和1000场各类主题活动。同时2015年有10万对新人在蓝调婚纱影视基地拍婚纱，占据北京婚纱照市场份额的40%。蓝调庄园已成为北京人喜爱的时尚浪漫的休闲庄园，成为北京市农业对外交流的名片和展示创意农业的窗口。2013年经过层层甄选，蓝调庄园成为北京市政府和朝阳区政府会议定点单位。蓝调庄园也在积极承担区域生态环境建设、解决地方就业、增加当地税收等社会责任。2015年蓝调庄园税收达到600多万元，2016年预计税收千万元以上，蓝调婚礼堂项目已开始筹划资本运作，力争两年内上市。同时公司提出战略布局，在全国主要省会城市落地蓝调婚礼堂项目，作为城市配套功能项目，通过线上线下整合婚礼市场，打造蓝调婚礼品牌，成为行业的领导者。

（3）投身公益事业，和谐发展爱企。在企业规模不断壮大、效益不断提高的情况下，他时刻想到回报国家和社会。一方面坚持诚信经营、依法纳税，促进和谐。目前，公司已成为本地区的重点纳税大户，解决了当地400多名农村劳动力就业，为本地区的经济发展和社会和谐稳定起到了积极的推动作用。另一方面积极投身于社会公益和光彩慈善事业。抗击非典、抗洪救灾、南方雪灾、汶川抗震、慈善捐款等，处处都彰显着他和慧远人的真情爱心。数十年间累计爱心捐赠600余万元；同时，坚持每年节假日为本地农民发放米、油、面等生活福利品，累计达300多万元，形成乡、企和谐发展的良好氛围。

（4）加强政治学习，积极参政议政。几年来，作为朝阳区政协委员的李玉立一直把加强学习摆在重要位置，注重学习运用马列主义、毛泽东思想、邓小平理论和"三个代表"重要思想等理论解决实际问题，认真贯彻落实科学发展观，不断开创工作新局面。工作中，他结合实际认真贯彻执行党的路线、方针、政策，坚决执行公司的各项重要决策，用实际行动践行"爱国""创新""包容""厚德"的北京精神。一直以来，李玉立始终拥护共产党的领导，旗帜鲜明，立场坚定，与党中央保持高度的一致，跟党走，听党话，走中国特色的社会主义道路，坚持学习中国特色社会主义理论。积极拥护党的路线方针政策，坚持改革开放，落实科学发展观。坚持政治民主协商制度，积极参政议政，坚持调查研究，认真撰写提案，自担任区政协委员以来，先后撰写了《调整农村产业布局　统筹城乡发展　保障农民利益》《关于农村城市化建设和农民工就业》《新生代农民工的就业与社会保障》等多篇政协提案，受到了朝阳区委、区政府的高度重视并责成相关部门加以解决。

饮水思源，作为一名民营企业家，在发展企业的同时，李玉立想到了积极回报社会，致力于慈善公益事业；同时作为一名政协委员，他想到了积极参政议政，建言献策，通过政协的平台，关心群众的心声，维护群众的利益，为构建社会主义和谐社会贡献自己的力量。

# 规范经营求实创新　开拓进取努力奋斗

## ——记北京康贝尔食品有限责任
## 公司法人代表、副总经理马立学

## 企业家档案

马立学，男，现年 38 岁，顺义区第四届政协委员（在任）。北京市顺义区马坡镇人。1978 年 11 月 19 日出生，祖籍河北定兴县。毕业于河北科技大学工商企业管理专业，本科学历。现任北京康贝尔食品有限责任公司法人代表、副总经理。

1998 年，马立学加入北京京源食品有限公司（注册地点为北京市朝阳区），历任工厂副厂长、副总经理。

2000 年，马立学入股新组建的北京康贝尔食品有限责任公司（注册地点为北京市顺义区赵全营镇，注册资金 1.8 亿元人民币），任企业法人代表、常务副总经理职务。该公司注册商标为"马大姐"，主导产品为"马大姐"牌糖果、巧克力、果冻、威化饼干、面包、蛋糕、蜜饯等七大系列、600 多个花色品种，产品畅销全国，远销美国、加拿大、韩国等 20 多个国家和地区。

2006 年，马立学兼任河北马大姐食品有限公司总经理。该公司注册于河北省保定市定兴县，下辖 5 个分公司。

2007 年，马立学兼任河北燕源食品有限公司总经理。该公司注册于河北省保定市易县。

近 10 年来，在马立学经理的领导下，"马大姐"品牌知名度、美誉度与日俱增，产品享誉全国。2003 年，公司获得中国轻工协会"中国知名品牌"和"诚信企业，放心食品"荣誉称号，2005 年被中华人民共和国农业部认定为"全国乡镇企业创名牌重点企业"。自 2005 年起，"马大姐"商标连续三届被评为北京市著名商标。2007 年，公司获得北京市工商联"文明单位"称号，获得北京食品协会"四新产品创新奖"，获得中国食品安全年会组委会

"食品安全示范单位"荣誉称号，马立学经理于当年被评为中国食品安全年会"优秀管理企业家"。2005～2008 年，公司连续获得中国食品工业协会"全国食品工业优秀龙头食品企业"奖，并于 2006～2010 年，连续获得顺义区赵全营镇"纳税先进企业"或"纳税十强"荣誉称号。2009 年，公司获得中国食品工业协会颁发的"中国食品工业质量效益奖"。2010 年，公司由中国食品工业协会评定为"中国食品工业实施卓越绩效模式先进企业"，同年获得北京市工商局颁发的"2010 年北京市守信企业"。2009 年和 2011 年获得北京市地税局颁发的"纳税信用 A 级企业"。2011 年，被中国食品工业协会授予"食品工业突出贡献企业"。2012 年，公司被北京市工商行政管理局质量审定委员会评为"北京市知名品牌"，马立学个人被中国食品安全年会组委会评为"百名管理先进个人"，同年 8 月，公司被评为北京市农业产业化重点龙头企业。2013 年，公司被中国食品工业协会评为 2012～2013 年度全国食品工业优秀龙头食品企业，同年，中国食品安全年会授予公司"百家诚信示范单位"荣誉称号，中国轻工业联合会授予公司 2013 年度中国烘烤食品糖制品行业（糖果）十强企业；2014 年，"马大姐"品牌荣获北京食品协会第九届中国（北京）国际餐饮食品博览会《百姓最喜爱品牌》；2014 年 6 月，"马大姐"商标被国家工商总局商标局认定为"中国驰名商标"。

# 破茧化蝶　终成大器

## ——记北京金路易速冻食品有限公司董事长黄全胜

## 企业家档案

黄全胜，女，48岁，中国共产党党员，山西财经大学本科学历，食品专业高级工程师、经济师、农产品经纪人。顺义区第三届政协委员、顺义区高丽营镇人大代表、顺义区工商联合会副会长、北京农业产业化龙头企业协会副会长、中国食品科学技术学会冷冻冷藏分会副理事长、北京市青年企业家协会副会长、北京市发展促进会第一届理事会常务理事，现任北京金路易速冻食品有限公司董事长兼党支部书记。

黄全胜自1993年创办北京金路易速冻食品有限公司以来，带领全体员工，以质量第一、信誉至上、完美服务、奉献社会为企业宗旨，树立"以人为本，与时俱进，开拓进取，创新发展"的企业理念，坚持"货真价实，诚信公平，守法经营"的经营方针，实施"以科技为先导，打造食品工业知名品牌，全面落实科学发展观"的战略，以品牌经营为核心，以产品质量为导向，以国际化、专业化、低成本扩张为指导，以国际金路易、实力金路易、魅力金路易为使命，历经十余年奋斗，通过企业改制、用工制度改革、产权改革、分配制度改革，使企业起死回升。

之后，她又走上了企业创新之路，把一个濒临倒闭的小企业发展成为目前占地36000平方米、建筑面积17000平方米、生产三大系列、100多个品种，以冷冻产业链为核心的高标准化的中型速冻食品企业。

20多年来，她始终热衷于社会公益事业和献爱心、送温暖活动，积极响应党和政府的号召，以三农为依托，造福于民。她通过自己坚持不懈的奋斗，获得了几十项殊荣。

2004年被中国食品工业协会评为"全国食品行业质量管理优秀领导者"；
2006年1月，被共青团北京市委员会评为"北京优秀青年创业带头人提

名奖";

2006 年 2 月，在全国农村妇女"双学双比"竞赛活动中被授予"全国双学双比女能手"；

2006 年 3 月，被北京市妇联、市总工会、市人事局授予"北京市三八红旗奖章"；

2006 年 10 月，当选为顺义区高丽营镇人大代表；

2006 年 12 月，当选为顺义区第三届政协委员；

2007 年 9 月，被北京市巾帼建功活动协调小组评为"北京市巾帼建功标兵"称号；

2008 年 3 月，被顺义区妇女联合会评为"顺义区第一届巾帼十杰"；

2008 年 11 月，被中华全国妇女联合会、中国妇女"巾帼建功"活动领导小组评为"全国优秀创业女性"；

2008 年 11 月，被北京市顺义区委统战部、北京市顺义区工商业联合会评为"2008 年服务奥运会、残奥会先进个人"称号；

2008 年 12 月，荣获"第五届北京市优秀青年企业家金奖"荣誉称号；

2010 年 6 月，被北京市人民政府评为"北京市有突出贡献的农村实用人才"称号；

2011 年 2 月，被中华全国妇女联合会授予"全国三八红旗手"荣誉称号；

2011 年 6 月，被中共北京市委社会工作委员会评为"北京市社会领域优秀共产党员"荣誉称号；

2013 年 5 月，被中华全国妇女联合会、中国妇女外文期刊社、亚洲女性发展协会评为"女性创业之星"等荣誉称号。

今天，当她倾尽全力去打造金路易的时候，在这个过程中她不再是一个商人，或者说首先不是一个商人，她变成了一个带着一个梦想而执著前行的追梦人！她是在用毕生的情感和心血去描绘一幅心中珍藏已久的宏图。在未完成之前，没有人真正知道这幅画的内涵与气势，甚至对于黄全胜自己来说，都注定是一场漫长的求索。或许只有当黄全胜把这种对事业的理解和领悟，通过瞩目的成绩表现得淋漓尽致时，人们才会发现，一个事业的创造过程原来可以这样大气而美丽。

信念和人的生命力是一样的，之所以有生命力，必然是有一个坚定的信念，依照信念的指引走下去，路自然越来越宽广。时间见证了黄全胜的胸怀和人格，坚韧和奋斗是她创业历程最好的注解，是对事业和生活最完美的责任感。今后她将继续努力，朝着更高更远的目标不断前进。

# 开疆破土　勇往直前

## ——记北京康仁堂药业有限公司董事长杨忠兵

## 企业家档案

　　杨忠兵，男，46岁，毕业于中共中央党校，本科学历，于2008～2014年，任北京康仁堂药业有限公司营销副总经理，2015年至今，任北京康仁堂药业有限公司董事长。

　　在杨忠兵董事长营销策略的引导下，公司产品覆盖地区从最初的北京市扩展至全国22个省市及海外市场，销售业绩从2008年的300万元增长到2015年的15亿元，为了达成目标，他带领康仁堂团队创造了一个又一个的奇迹。

　　2008年康仁堂"全成分"中药配方颗粒上市之年，是公司痛苦与希望并存的一年。当年康仁堂带着孕育数年的成果投入市场，没有成熟的可借鉴的销售模式、没有专业的销售团队、没有充足的资金保障……重重困难如冬季无法拨开的雾霾，掩住前进的方向。他用自己的言行影响带领和稳固大家的信心，勇敢面对挫折和痛苦，用积极的态度努力去耕耘。为了组建一支更符合中药配方颗粒产品销售的专业团队，他想尽办法，挖掘业内优秀人才。在当时没有任何诱人的物质条件之下，他用自己的诚意与执着，用对中药配方颗粒产品前景无限的信念，赢得大家的支持与理解，凝聚了一群具有无限创意与战斗力的销售精英团队。

　　康仁堂"全成分"中药配方颗粒有别于成药和传统饮片，是市场推广的巨大挑战。市场是无情而客观的，世界上绝对没有白来的成功！杨忠兵同志亲历市场，与各级领导、专家，医生和患者交流沟通，通过市场调研和分析，制定出销售各环节的实施战略，并针对产品特点和市场需求研究出具有康仁堂特色的学术推广营销模式。那时大家还不知道"全成分"中药配方颗粒为何物，智能化中药房是何物，而他总是一遍遍不厌其烦地讲解，他成功搭建公司与政府部门的交流平台，尝试着与医院构建完善的销售服务体系。他无所畏惧地开拓市场，经历嘲讽打击，却最终缔造了一个短期销售 10 亿元的奇迹。2015 年底，康仁堂"全成分"中药配方颗粒销售额突破了 10 亿元大关！

2015 年，在杨忠兵同志的战略引领下，康仁堂顺应改革形势，调整战略布局。凭借自身优势占领市场份额，加大对研发产品的资金投入，不断进行工艺升级优化产品，以满足广大市场需求；当年公司再次通过国家级高新技术企业认证。康仁堂为满足市场供给，新投资扩建了自动化生产基地，顺利通过 GMP 认证。今年公司通过设备改造升级，实现产品信息化全程监控，从药材产地、原料采购、检验、生产、包装运输直到配送医院，满足全产业链可追溯查询功能。康仁堂尤为重视安全生产、污染排放、职业健康等问题，今年公司成立由一把手负责制的安全生产委员会，建立并完善了 EHS 管理体系，组织开展了安全生产标准化、职业病危害评价、环境影响评价的自查与整改，通过系统管控，员工的安全意识大幅提高，全年无重大安全责任事故。

2016 年，公司发展进入到一个新的阶段。作为公司的董事长，杨忠兵深知公司的发展壮大来之不易，他将带领康仁堂人不懈努力，勇往直前。

# 简单管理的企业管理之路
## ——记北京银汉华星商贸有限公司总经理崔京兰

## 企业家档案

崔京兰，女，58岁，中国共产党党员，毕业于清华大学，MBA学历，现任北京银汉华星商贸有限公司总经理。

简单管理并不简单，要经历"先复杂，后简单；先精细，后简化"的过程。穿过复杂，才能走向简单；基于精细，才能有效执行。简单必须要先经历复杂的过程，就像读书一样，要先把书读厚，再把书读薄。企业面对的是市场，强调的是速度，要做到随时迅速贴近市场，只有简单、流程短，才能提高市场反应速度，提高企业的整体竞争力，简单是竞争力的表现。简单是在跳出复杂才是简单。而简单管理真正落实在企业组织流程上，真正形成自觉的行为，更需要一个"先复杂，后简单；先精细，后简化"的过程。

北京银汉华星在崔总的带领下，在"先复杂，后简单；先精细，后简化"的管理过程中有序地进行着。

（1）要想简单管理，信息化先行，把复杂记录下来。

2012年花费1年的时间调研、开发，斥资300万元定制了一套完全适合重型卡车、完全适合我们企业管理理念、管理思路的数据信息管理平台。此平台记录了业务的完整过程，并以流程的形式在平台中体现。目前企业基本完成信息化建设，企业各经营部门都在数据信息管理平台中进行业务环节每一项操作，平台会形成独立的运营数据，数据平台再将其汇总成公司数据，以供决策（目前，公司信息化的管理水平在重型卡车销售服务行业实属前列）。

财务、行政、人力资源都有各自独立的信息化管理系统。独立的客户关系管理系统，为深度发掘客户关系提供可行性报告。

企业已经完成了复杂的业务过程记录，自 2015 年下半年开始进行流程优化，开始去复杂、变简单、去精细、变简单。

（2）要想简单管理，建立统一的"以客户为中心"的价值导向。

我们贯彻以客户为中心的理念，必须要具备客户思维。通过服务来满足客户的需求、解决客户的问题，为客户源源不断地创造价值。我们为客户提供的服务，不能简单地理解为只是单纯的销售方案，而是建立为客户创造价值增值、使客户价值最大化的服务理念。

激励企业全员作为客户价值的贡献者，企业每位员工都要当好一名真正的贡献者，必须时刻反思我们的日常工作是否给客户带来价值。

（3）建立"沟通信任、以人为本"的简单管理基石。

管理最终的目标就是效率最大化，一个高效的团队必不可少的特点之一就是良好的沟通，为了更有效的沟通，创造更多的沟通环境，成立沟通例会制度。

以人为本，强化与员工的沟通，从员工的需求出发，人力资源部门提供不同的服务。

简单管理不简单，在去繁入简的过程中，任重而道远。

# 四十年如一日的中国墙纸第一人
## ——记北京特普丽装饰装帧材料有限公司董事长杨冀

## 企业家档案

　　杨冀，男，62岁，中国共产党党员，毕业于北京化工学院，大学本科学历，高级工程师。现任北京特普丽装饰装帧材料有限公司董事长，兼任中国建筑装饰装修材料协会墙纸分会会长、专家委员会专家，中国建筑装饰协会材料委员会副主任委员、专家委员会专家，北京建材联合会副会长，北京市企业发展促进会副会长、北京市房山区私营经济个体协会副会长等社会职务。

　　杨冀董事长把自己的所有青春和智慧都奉献给了中国墙纸业，在他的人生字典里，没有享乐，只有工作，没有困难，只有勇往直前的精神。他习惯了在逆境中成长，在中国墙纸行业繁荣的时候，他肩负起了延续中国墙纸发展的重任。在中国墙纸行业萧条的时候，他积极探索，为中国墙纸行业的发展寻找出路。

　　他始终坚持产品生产及工艺技术的创新，推动中国墙纸行业和特普丽墙纸公司不断发展进步；他三次参与中国墙纸行业标准的制订，见证了中国墙纸行业的起起落落，为中国墙纸行业的发展做出了突出贡献。

　　他被中国建筑装饰装修材料协会墙纸分会评为"中国墙纸行业30年突出贡献人物"。他曾获得"五一劳动奖章""全国建材行业劳动模范"。他曾获得"北京市科技进步二等奖"等荣誉，也曾被授予："2015年中国房地产500强产业链领军人物""2015年优秀企业家""2013年中国家居行业基石大人物""2012年中国家居产业最具影响力人物""2012年行业基石大人物奖""2008年地区经济发展突出贡献奖"。

　　他从业40多年一直工作在墙纸行业第一线，近四十年如一日。从1976年的新厂建立，他精于技术研发、产品创新；到2001年企业改制，他打破传统、力挽发展，每一步都走得脚踏实地。他始终秉承"创新、务实、协作"的价值观，坚守"以质量求生存、以创新求发展、提供一流产品、实现满意服务"的经营理念，带领特普丽墙纸全体员工，在改革中前进，在发展中壮大，不断与时俱进、开拓创新，在国家发展政策的引导中跟进时代的脚步，将环保产品立于根本、将绿色健康产品推向市场，不断推出时尚、潮流、环保的领先于墙纸行业的创新佳作，树立着中国墙纸的百年品牌，并逐步完成"基业长青的世界一流墙纸企业"的愿景。

四十年如一日的努力，他的坚持造就了自己的墙纸人生，他的勤奋开拓了特普丽的美好未来，他的精神传承着创新务实的价值观，他的事迹被中国墙纸行业称为中国墙纸"第一人"。

# 品牌经营　精耕细作
## ——记北京嘉寓门窗幕墙股份有限公司总裁田新甲

## 企业家档案

田新甲，男，32 岁，毕业于英国赫特福德大学，MBA 学历。现任北京嘉寓门窗幕墙股份有限公司总裁。

（1）积极推行品牌战略，巩固行业龙头地位。通过企业宣传渠道升级、优化 VI 系统，提升商标和版权的保护，通过流程优化与服务意识的提升，提高全员的品牌意识和以客户为导向的思维模式，并取得显著的成效。公司连续第十年被评为"中国建筑幕墙行业 50 强企业"，入围中国房地产开发企业 500 强首选供应商、2015 年度中国房产 500 强首选品牌，被新浪、搜房等新闻媒体评选为 2015 年度中国家居产业网友喜爱品牌、2015 年度中国家具产业影响力品牌、2015 年度中国家具产业新生活风尚奖和家居先锋榜暨业主喜爱的门窗品牌。

（2）加速实施行业资源整合，加强市值管理。利用资本市场平台优势，在充分评估风险的基础上，积极寻求收购兼并、战略合作机会，加强对潜在目标公司的交流考察，进行国内节能门窗、智能家居、室内装饰、装配式房屋等相关领域的资源整合，布局互联网＋零售业市场，进一步扩大市场竞争力和品牌影响力。

在对外加强行业资源整合力度的同时，通过加强团队建设，调整内部审计部门的人员结构，加强内控监督，优化法人治理结构，严格防范内幕交易。完善内幕信息的管理制度和流程、内幕信息知情人登记制度、对外信息披露审批程序、投资者调研和报备程序、公司内部重大事项报告制度和程序，在增强公司风险控制和风险防范能力的同时，增加公众公司诚信度；使公司的品牌影响力及行业地位能够反映在股票价值上，切实维护投资者利益，最终实现市值管理目标。

（3）系统提升管理效率，打造精品工程。为了适应宏观经济形式和区域化经营要求，保障公司可持续发展，实现中长期战略发展规划，任职期内，总裁以"客户满意"为经营目标，通过精细化管理、扩大品牌影响力、净利润增长、工程回款、加强内控审计作为经营管理重点，积极调整和优化管理模式，实行扁平化管理，缩减管理链条，实现提质增效。

全面加强各区域工程精细化、信息化管理，推动生产系统、工程系统的质量安全标准化工作，加强区域成本和风险的过程管控，保证产品和工程的质量，打造精品工程，保证客户满意度。

（4）深化技术研发和技术合作，加速技术成果产业化进程。任职期内，总裁持续加大技术研发投入和推广应用力度，大幅度增加了技术储备，公司在职技术及研发人员共 762 人，占员工总数比例 42.01%。2015 年新增技术专利授权 33 项，其中 2 项发明专利，公司已授权的技术专利总数达到了 148 项。公司自主知识产权的系列产品已应用于 80% 以上的工程项目。任职期内，公司参加了《铝合金门窗》《建筑系统门窗技术导则》《建筑幕墙术语》等国家行业重要标准的编制和修订等工作，公司累计参编国家行业标准近 40 项；完成了 A、B、E、M、H、S 等 6 大品类 27 个子系列的系统门窗产品研发工作，使公司节能门窗产品基本实现了目标市场需求的全覆盖。

（5）调整营销策略，提高市场占有率。任职期内，公司以"让客户满意"为经营目标，以"品牌经营、精耕细作"为营销理念，在营销管理方面将原来的三级管理架构调整为两级管理架构，提升管理效率。按区域市场进行划分，建立营销总监负责制，逐步完善营销体系队伍建设。公司作为行业的龙头企业，以技术领先、服务领先、成本领先等优势，依托全国 280 多个城市的营销网络布局，为扩大业务规模及市场影响力提供了有力的保障。与葛洲坝、恒大、万达、万科、华润、中海、保利、华夏幸福基业、海尔、中南、绿城、中信国安等百强地产企业强化战略伙伴关系。

任职期内，公司完成了零售业务的整体规划及铺垫。公司采取线上和线下相结合的方式，发力互联网＋门窗零售市场。在线上通过和各大电商平台的合作搭建销售平台，建立和推广"嘉寓"全国性品牌形象，通过整合营销和整体品牌推广策划，快速树立品牌形象，在零售和工程市场产生品牌溢价。在线下通过加盟店和体验店的推广，形成线上与线下的互动，提高线上业务的成交率，也为线下客户提供了有别于其他品牌的标准化服务。凭借加工周期短、反应速度快、运输距离短、售后服务及时、产品线丰富、产品质量好等突出优势，能够满足一、二线和三线城市的门窗零售业务需求，并通过线上 APP 平台和在线下建设服务窗口，解决最后一公里的服务问题，服务平台未来也会通过服务和销售渠道的窗口作用，成为新的盈利点。

# 建筑设计的领军人
## ——记北京维拓时代建筑设计股份有限公司董事长孙祥恕

## 企业家档案

　　孙祥恕，男，中国共产党党员，高级工程师，1964 年出生于北京，1987 年毕业于北京工业大学结构工程专业，同年进入北京市纺织工业设计院任结构设计师，1992 年任北京市纺织工业设计院设计室主任，1997 年任北京市纺织工业设计院院长助理，1998 年任北京市纺织工业设计院副院长，1999 年任北京维拓时代建筑设计院院长，2001 年担任北京维拓时代建筑设计股份有限公司董事长、总经理至今。

　　从 20 世纪 80 年代工业转民用，到 90 年代机制改革，到 2001 年企业改制，再到 2015 年的机构改革，孙祥恕带领的每次改变都使维拓设计在行业中处于领先位置，使公司由小到大、由弱变强。

　　近年来，孙总又带领公司成功实现战略突围，以大型商业综合体、文旅人居、绿色节能建筑、医疗养老为战略发展方向，成立 BIM、绿建中心和规划中心，成功实现老年社区、绿色节能建筑、商业综合体项目为主的市场战略转型，并因公司创新能力突出被评为北京市创新中心。公司 2001 年改制后，合同额每年快速递增，2013 年设计合同额累计 7 亿元，比改制之初的公司产值翻了近 60 倍。

　　同时，孙总以"爱心"提振公司员工社会责任感，亲自动员并主持大型企业募捐活动，为汶川灾区募捐个人资金 23 万余元，并在技术方面援助了北川县映秀小学、什邡市禾丰小学建筑方案设计。2013 年四川雅安受创，孙总立即召开紧急援助会议，各部门开展物资紧急调配，管理层及全体员工积极参与物资筹集工作，共筹集超过 20 多万元的帐篷、雨衣、方便面、手电、卫生用品等各类生活用品支援灾区。

　　2010 年泰安下港乡维拓希望小学开工，2011 年 8 月维拓爱心捐助站全面启动，至今已连续捐助了六所维拓爱心希望小学，维拓爱心捐助实现常态化。

如今，维拓设计已成为北京市具较高知名度和影响力的建筑设计公司，具有经建设部资格认证的全国建筑行业民用建筑设计甲级、工程咨询甲级、纺织工程甲级及规划设计乙级资质，在全国 8000 余家建筑设计机构中名列前 20 强。近年来，多次荣获"全国十佳建筑设计机构""北京地产十佳建筑设计机构"等荣誉称号。

# 奋斗不息　攀登不止
## ——记贵州林达集团董事长杨武林

## 企业家档案

杨武林，1974年2月生于贵州省道真县，林达集团创始人。现任林达集团董事长兼总裁，北京贵州商会常务副会长，北京市朝阳区企业家协会副理事长。

20世纪90年代，当一群充满大山气息的人们来到首都北京的时候，谁也不曾想到，历经20多年的打拼，他们在北京组建了自己的团队，成立了属于自己的公司。今天，这家企业已在同行业中拥有举足轻重的地位，他就是由杨武林先生一手创办的林达集团。毋庸置疑，改革开放30年，中国的发展让世界震憾，而林达集团的快速发展，也让林达人深感自豪。

2005年，林达建筑公司正式成立。仅仅6年时间，便已拥有数千人的规模，公司先后与北京城建集团、福城集团、中城建集团、大龙集团等企业建立了战略合作关系，分别在北京、天津、河北、山西、内蒙古等多个省市承接业务并逐步向国外市场拓展，年施工面积达300多万平方米。现林达集团已发展成为集房地产开发、建筑施工、劳务服务、物业服务、酒店管理、贸易投资等于一体的跨行业集团型企业。

作为贵州人，杨武林除了具有贵州人特有的质朴与勤奋以外，杨武林更多了一份责任与使命，近年来，杨武林本人及林达集团多次以不同形式资助和捐助家乡教育发展，正是肩负着"林而俊秀山水，达则通济天下"的这份神圣责任，林达集团近年来实现了"跨越式"的发展，实力不断增强，经济效益不断攀升，员工收入与日俱增，年生产总值连续上涨。

2008年，林达集团正式回乡投资，至今已成功开发林达·阳光家苑、阳光水岸等项目，而在遵义新蒲，林达集团开发的林达阳光城城市综合体、林达美食街项目正是林达集团回乡发展、反哺故土的有力佐证，林达阳光城是集商业、住宅、酒店、写字楼为一体的大型城市综合体。由林达集团与上海外高桥合作投资的 DIG 全球进口商品直销中心遵义店在新蒲新区林达阳光城正式开业，这标识着沪遵合作又结出一大硕果，广大消费者今后可以在遵义本地买到价廉物美的全球进口商品。DIG 遵义店是继重庆、成都之后，西南地区的第三家、贵州省唯一一家全球进口商品直销中心加盟店。"投资一片热土、带动一串产业、富裕一方百姓、缔造一个品牌"，这是杨武林先生回乡发展的投资理念，我们有理由相信，林达集团带回的不只是建筑本身，还有一种全新的生活方式。

2015 年，在大众创业、万众创新的大背景下，杨武林作为北京市朝阳区企业家协会的副会长，积极参与"双百双创"工程，帮扶中小微企业，推进朝阳"新四化"活动，为朝阳区的发展贡献了力量，并被授予"创业导师"称号。

"奋斗不息，攀登不止"，没有人知道杨武林先生创办的林达集团能走多远，因为他们从来没有停下前进的脚步。也没有人知道他们将去向何方，因为他们一直在把握趋势、创新未来。但是所有人都知道在林达集团有这样一个人——他不骄不躁、胸怀着理想与抱负，他务实求进、肩负着责任与使命。

杨武林就是中国现代企业家的杰出代表，他是白手起家的典范。

# 连锁酒店的弄潮儿
## ——记北京爱保酒店管理有限公司董事长刘兰荣

## 企业家档案

刘兰荣，女，52岁，中国共产党党员。现任北京爱保酒店管理有限公司董事长。

1997年以前，刘兰荣一直在山东省德州市人事局军转培训中心工作。1997年8月底，一个偶然的机会，她被委派到北京国家人事部军转培训中心借调工作。而就是这次的工作经历，改变了她的人生轨迹。2002年，她在工作之余尝试投资和经营了一家酒店，叫保龄宾馆，2003年她干脆辞掉了"铁饭碗"，接管了天坛东门附近的北京爱华宾馆，并成立了自己的公司"北京爱保酒店管理有限公司"，开始了她人生路上极有挑战性的创业之路。

这么多年来，她时刻保持着创业的激情和对酒店业的热爱，她不畏挑战，勇于跳出固定思维，度过了企业发展过程中遇到的一次又一次危机。危机带来了挑战，而对于善于运筹帷幄的人来说，危机也蕴含着机遇。2007年，北京的连锁酒店业在开始崛起，爱华宾馆也免不了受到一些影响。面对竞争，除了以人性化、特色服务稳固好自己的固定客户资源外，她还和员工积极想办法开发新客户，爱华宾馆的经营业绩不仅没有受到影响，反而比上一年同期有所回升。同时，她自己充分把握了连锁酒店崛起的机遇，勇敢地成为了一名连锁酒店的弄潮儿。她选择加盟和她经营理念一致的"汉庭酒店"连锁品牌。汉庭鸟巢店营业业绩势头迅猛，在开业第一年就为她带来了惊喜的回报。这更加坚定了她的合作连锁决心。此后，刘兰荣女士凭借她独到的投资眼光，在十年的时间里先后在广渠门、天坛南门、天坛东门、东四、前门等黄金地段加盟了数家汉庭酒店。

2014年年底，刘兰荣女士获悉原来位于东四块玉南街的首府饭店转租的消息，她独具眼光，选择了加盟华住酒店集团旗下的中高端品牌全季酒店，事实证明她的决策是对的。濒临天坛公园、红桥市场、龙潭湖公园附近的区域不乏经济型酒店，偏偏缺少一个这样的中高端品牌。自开业之日起，全季酒店接待了大量政府机关、商务和旅游的客人，短短半年已经在周边小有名气。

刘兰荣先后荣膺 2005 年崇文区"三八"红旗手，2006 年被评为北京市"巾帼建功"标兵，2007 年被评为北京市优秀创业女性。并连续三届当选东城区政协委员、东城区工商联副主席、东城区妇联执委、北京市女企业家协会常委。几年来她与东城区青联委员一起到内蒙古贫困地区进行送温暖西部行的活动，资助了两位贫困学生上学，在汶川大地震时带领员工积极抗震救灾。在努力做大做强企业的同时，她把责任与担当作为企业理想和人生抱负，尽己所能关爱弱势，奉献爱心，用实际行动诠释了一名企业家的社会角色。

# 融鼎集团掌舵人

## ——记北京东方融鼎投资控股有限公司 （融鼎集团）董事长赵敏

## 企业家档案

赵敏，女，38岁，北京东方融鼎投资控股有限公司（融鼎集团）创始人、董事长，北京女企业家协会理事。

法律系专业毕业后的赵敏一直专注实业投资和地产投资，如今她带领的融鼎集团涉足企业管理、资产管理、资本运作及并购重组，拥有多支致力于企业上市及中后期投资和并购的专项基金。赵敏兼具前瞻性的分析判断和敏锐的市场洞察力，善于分析把握行业发展趋势，是行业内颇具实力和影响的投资人。

在国家有效实施军民融合以及发展军工产业战略方针的大背景下，赵敏作为发起人，参与成立了"中关村融鼎军民融合智能装备协会"。在第二届军民融合发展高技术成果展览中，国家主席习近平亲临参观，强调军民融合是国家战略，关乎国家安全和发展全局，既是兴国之举，又是强军之策。自2013年起，融鼎集团积极响应国家军民融合发展宏图伟业，通过自身的优势和条件，大力发展军民融合产业，与国开金融、北京市科委等单位联合发起军工投资基金，为民参军的企业提供政策、资金、技术、市场等全方位的资助。

与 AEE 合资设立深圳融鼎—电特种装备有限公司，专注于为特殊行业提供量身定做的定制化产品，为特殊用户提供硬件、软件、培训和服务的整体解决方案，加速无人机系统等在军民融合市场的推广应用。在专注军工领域、高端制造业、新材料及高新技术等领域的投资中，融鼎集团荣获由 CCTV 证券频道颁发的年度实业投资（军工行业）领军品牌。

在企业经营管理方面，本着按照共同投资、共享收益、携手并进的基本原则，为客户提供诚信、安全、可靠、稳健、高效、创新的"全方位"理财与投资方案。赵敏说，"在一个企业的发展道路上，品质意味着生命，在此基础上，不断开拓创新，才能促使企业有更大的发展空间和更好的发展道路，继而在不断追求卓越的过程中，实现企业价值、创造企业辉煌。"

积极倡导并履行社会责任，凭借自身的力量为社会为公益做出贡献。2015 年 7 月，配合北京市西城区消防支队，组织以"全民关注消防，生命安全至上"为主题的消防演练，履行安全生产，让员工掌握对突发火灾的应变、逃生技能，学会灭火以及有序地进行人员、财务的疏散转移，确保员工生命安全及公司财产安全。

注重企业发展的同时积极投身社会公益活动并且承担相应的社会义务，协助社会解决就业问题，将企业的发展与带动就业紧紧联系起来。赵敏女士曾在接受采访时表示："单纯追求经济效益的企业不可能走得远，促进就业不仅仅是全社会共同努力的目标，更是企业义不容辞的职责。"

# 圆梦意馨　共铸辉煌
## ——记北京意馨明辉国际文化艺术发展有限公司总经理曹明明

## 企业家档案

曹明明，女，本科学历，中国共产党党员，现任北京意馨明辉国际文化艺术发展有限公司总经理。

曹明明用强烈的责任心和无私奉献的精神，履行着总经理的神圣职责，树立了一名共产党员的光辉形象。

### 创建品牌园所

她对教育事业情有独钟，创办品牌幼儿园是她的梦想，为社会分忧，解决家长入托的困难是她的愿望。

她奋力拼搏，幼儿园规模不断扩大。如今：意馨集团面向全国开设12所幼儿园，幼儿3000多名，教职员工400多名。其中有四所幼儿园被评为北京市一级一类幼儿园和北京市早期教育示范基地，受到了家长的肯定，社会的称赞！

### 创建意馨养老院

随着社会的发展，老龄化日趋明显的同时老年人的需求也逐步呈现多元化。为让老人老有所养、老有所依、老有所乐、老有所学、老有所为，2015年依托意馨夕阳乐苑又在西罗园四区改扩建增加了社区居家养老服务中心，以一个总部辐射16个分中心开展六大服务功能、十项具体措施的社区居家养老服务工作。其中老年餐桌是老年人呼声最大的服务之一，通过"养老照料中心＋社区集中就餐、配餐、送餐"的方式，构建餐饮专业化、配餐建设效能化、管理服务标准化，推进可持续、科学发展的养老助餐运营体系，解决老年群体用餐难的问题；另外开设了短期照料服务，养老照料中心在针对长期入住人员做好养老服务的同时，根据区域内的老年人日间或短期照料需求设置服务区域，创造性用好床位，主要为失能、高龄、独居和有需求的老年人提供短期照料、喘息服务，还可以组织开展上门入户服务。

通过为老人提供"助医、助洁、助餐、助浴、短期照料"等多种形式的服务，让老人们感到社会的温暖，享受幸福的晚年。

## 创建绿色生态园

意馨明辉集团根据"十三五"五大发展理念，紧紧围绕"创新发展、协调发展、绿色发展、开放发展、共享发展"依托一老一小的产业，在河北建有7000亩的种植/养殖现代化生态园。有孩子们喜欢的"儿童田野生态园"，有老人们喜爱的"垂钓园"，有适合亲子活动的"观光采摘园"，有深受周边居民欢迎的"种植园"，有给周边居民生活带来便利的"加工厂"。展现出意馨集团独特的"城市享受田园生活，农村接受城市高端教育的绿色生态园"。

## 取得的成绩

十几年的职业生涯，她热衷于"一老一小"事业，把关爱送给了孩子，把温暖送给了老人，把京津冀国家规划落实到绿色生态园。她取得了骄人的业绩，得到市区领导的接见与肯定；她先后被北京女企业家协会评为创业明星、全国最具魅力的幼儿园园长等称号；荣获北京市人民政府颁发的"北京市孝星"等诸多荣誉。

在她的领导下，意馨明辉集团蓬勃发展。这里既是孩子们快乐成长的摇篮，又是老人们幸福温暖的家园，更是大家依靠的绿色生态园。她以高尚的职业道德演绎着一名女企业家的人格魅力，以超前创新的管理才能、以默默无私的奉献行动圆梦意馨，共铸辉煌！

# 原创设计、人性化新智能的
# 互联网家具企业引领者
## ——记北京今圣梅家具制造有限公司董事长周晓曦

## 企业家档案

　　周晓曦，女，中国民主建国会会员，硕士，中国人民大学商学院工商管理专业毕业。现任北京今圣梅家具制造有限公司董事长、北京蜂虎文化艺术有限公司董事长。同时担任以下社会职务：中国女企业家协会副会长，北京女企业家协会副会长，民建北京市妇委会秘书长，民建海淀区妇委会主任，中国人民大学商学院校友会副会长，北京市青年商会执行会长，阿拉善 SEE 生态协会华北区副主席，中国家具协会常务理事，北京家具协会执行会长。

　　北京今圣梅家具制造有限公司成立于 1997 年，主要生产制造和销售办公家具——"圣梅"牌家具。在周晓曦的带领下，公司在行业内先后获得"北京品牌""诚信企业""十强企业""最具价值力企业""最具竞争力企业"等权威机构颁发的荣誉。"圣梅"牌商标早在 2007 年就被评为北京市著名商标。公司连续 12 年中标为中央直属机关、国管局的办公家具定点生产厂商，先后承揽过中南海、人民大会堂、中共中央组织部、中共中央党校、中纪委等大量政府办公家具工程。公司 2015 年起开始产品转型，增加住宅家具、高端私人定制家具新业务，进入互联网家具新领域。目前主要有"大客户招投标""高端私人定制"以及"互联网家具电商"三个主要业务版块。2015年，公司签约意大利国际家具设计师 Fabio 先生，专门设计适合在互联网上销售的家具品类。目前公司在淘宝上开店展开业务，建立线上、线下一体化的"O2O＋B2A"的全新综合化的电商模式，由传统家具企业，转型为"原创设计、人性化新智能的互联网家具企业"。

　　北京蜂虎文化艺术有限公司成立于 2016 年 7 月。定位服务高端消费群体，以体验式会员制入手，打造"互联网＋穿戴"的后市场服务，以"穿戴行业"大数据服务为目标，塑造穿戴行业的新生态。以线下实体会所作为承载平台，提供会员体验式服务，以线上社群、APP 直播、穿戴行业售后服务平台为主，诚交新用户、维护老用户、建立大数据服务体系。

蜂虎公司提供"高级成衣改制（PGC）"、"高端服饰定制（C2M）"和"高端服饰文化交流传播平台（UGC）"这三部分主营体验服务；通过"高级成衣改制"这一黏性高的服务，并以会所为平台，把今圣梅公司的"住宅家具高级定制"业务，与蜂虎公司的体验式服务相结合，另外，还将为男性消费群提供特殊身材的成衣改制、定制服务。

公司利用会所这一媒介，作为实现共享经济的平台，符合公司的经营理念的，都可以在会所平台上展示出来，让会员直接体验、相互交易，以实现资源共享、共同发展。

周晓曦先后获得了一系列荣誉：获北京市三八红旗奖章；被中国民主建国会授予"全国优秀会员"称号；两次被中国民主建国会北京市委员会授予"北京市优秀会员"称号；被北京市妇女联合会授予"巾帼创业明星"荣誉称号；被中国妇女报评为"中国经济女性十大年度人物"及"中华杰出女性（邮票）人物"；被中国女企业家协会评为"中国优秀女企业家"及"杰出创业女性"；被北京企业联合会等十家权威机构联合评选为"北京优秀创业企业家"；被中国家具行业协会评为"中国家具行业巾帼功勋奖"；被中国家具行业协会授予"巾帼建功标兵"荣誉称号。

周晓曦董事长所带领的今圣梅公司一直以来坚持每年都积极参与社会公益活动，她先后获得"情暖中国·捐助西部女性阳光计划"荣誉证书，汶川"抗震救灾·共建家园"捐赠证书，"张成盲人学校"捐赠荣誉证书，"北京SOS 儿童村"捐赠证书，中国人口福利基金会"则热大爱·公益基金"捐赠证书，"饮水思源"则热福利院项目爱心证书，"品牌中国女性·母爱基金"捐赠证书，"母亲水窖"、为玉树地震灾民献爱心捐赠证书，红烛基金"资助乡村教师"捐赠证书，等等。今年今圣梅公司加大了投入环保公益项目的力度，在阿拉善 SEE 环保生态协会倡导的"种植一亿棵梭梭"治理北京空气雾霾项目中，一次捐助 30 万元人民币，种植三万株梭梭树，为北京雾霾的治理尽自己一份微薄之力。2015 年 9 月参与"松心契"微信群公益筹款活动，三天内这个群为藏族 30 多位心脏病患儿来京在三甲医院接受手术治疗费用筹款153 万元，还积极参与为内蒙古尿毒症患儿在北京儿童医院接受治疗医药费筹款。因此被北京市红十字基金会"共铸中国心"评为优秀志愿者称号。

# 质量造就名牌　名牌成就市场
## ——记北京恒利食品有限公司总经理文莉

## 企业家档案

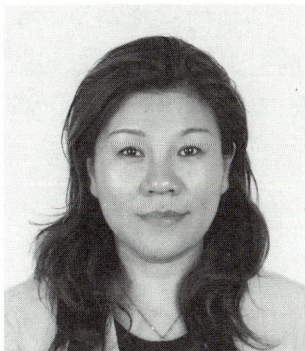

文莉，女，42 岁，汉族，中国共产党党员，本科学历。现任北京恒利食品有限公司总经理、董事长。还担任北京集中供餐企业协会副会长、北京富丽盛航物业管理有限公司董事长、北京朝阳区食品药品行业协会会长、北京蜀渝餐饮有限公司总经理等职务。

北京恒利食品有限公司成立于 2013 年，是真正完成中餐标准化、管理集约化的大型中央厨房的快餐企业，注册资金 1000 万元，员工 700 多人。

在企业发展历程中，文莉始终坚持走品牌发展战略，建立了一流的中心化验室和质量监控系统，创建了市场服务网络，从而受到了消费者的广泛信赖。她制定出严密的采购控制程序和原材料检验验收作业指导书，通过对供应商的调查、质量保证能力评审、产品验证、试用、有关协议及合同的签订，确定合格供应商及其产品入驻企业。

恒利公司产品服务涵盖营养配餐计划、食堂经管、员工餐供应等，在京城乃至全国营养配餐经营领域实力雄厚。服务客户包括：中国国防科工局、中国纺织研究院，全国知名百货品牌新光天地、君太百货、汽车大厦，京城名校芳草地国际学校、北京十二中、陈经纶中学、首都师范大学附属朝阳实验小学等，同时北京恒利食品有限公司先后为 2014 年北京 APEC 会议、2015 年"9·3"大阅兵提供团体用餐和保障餐服务，得到了用餐单位的一致好评。在做好本职工作的同时，公司创办并被区政府评为首都精神文明单位。

文莉始终怀着一颗奉献爱心、回报社会的感恩之心，一直表达对政府各部门以及消费者的谢意，希望企业不断发展的同时能够更多更好地回馈社会。恒利公司大力发展蔬菜基地建设，形成种植、收购、销售一条龙的经营模式，带动农民致富。公司还不忘记下岗职工就业问题，大量招收下岗职工，尽可能地帮助他们渡过经济难关。特别是文莉当选朝阳区食品药品行业协会会长后，无偿为协会提供办公场所和办公所需，为把协会办成会员之家满足广大会员需求，文莉首先领导协会成功建立开通了协会公众号、协会网站，既为会员单位提供了有效的宣传效果又高度提高了协会凝聚力，现协会由原100余家会员单位增至达 200 余家，目前已有外区及河北省、山东省、陕西省、广东省部分企业慕名加入。

　　"路漫漫其修远兮，吾将上下而求索"。面对未来市场新的需求与更高的要求，文莉正不断思索、不断求新和不断开拓。文莉也把大部分精力都投入到她所钟爱的事业上，在这个平凡的市场上默默耕耘、奉献，用自己的实际行动去实践在心中曾经许下的誓言。她时刻不停地激励自己、鞭策自己做得更好。

# 在没有路的道路上前进

## ——记北京满堂香国际茶文化发展有限公司董事长严梅

## 企业家档案

严梅，女，1970 年 9 月出生于福建，汉族，高级茶艺师，北京大学工商管理专业研究生。1989 年她携茶闯京城，在改革开放大潮中，处于变革浪峰严梅经历着、参与着，也享受着身边日新月异的变化。社会职务及荣誉：北京市第一家满堂香北京国际茶城楼宇妇委会主任；北京市第一家满堂香北京国际茶城楼宇联合工会主席；中国特色商业马连道经济人物；最具代表性北漂成功企业家；北京市青年商会常务理事；北京市三八红旗手；北京市工商联会员代表；北京市光彩事业促进会理事；北京市女企业家协会副会长；北京福建女企业家协会执行会长；北京市西城区侨联常委；北京市西城区工商联执委；北京市西城区政协委员；

在没有路的道路上前进，便是披荆斩棘。

1992 年，严梅创新"引厂进店"商业模式，靠智慧和勤劳挖到第一桶金。1997 年，她顶着巨大压力，组建中国第一座茶城——马连道京马茶城，创新"引店进城"商业模式。从此马连道茶街这个茶商自发聚集的商业街慢慢转变，逐步成为知名的茶产业营销基地；1999 年在福建建了万亩生态茶园。

2003 年她与中华老字号稻香村实施"茶点共飘香工程"，与全聚德实施"茶饮同食缘工程"，2005 年又创建"福建海峡茶都"，架起海峡两岸茶经济文化交流平台，促进京闽两地与中国台湾合作，开创跨业营销模式。

2007 年她在马连道创建北京国际茶城，引进国际经营理念、国外茶企入驻，实施"打国际牌，创特色城"战略，为茶街树起新的里程碑，被政府誉为"马连道国际化地标"和"国际马连道新起点"。2008 年她举办了中国首届国际茶文化创意产业高峰论坛。

2011 年她在北京国际茶城 4 层创建茶界服务平台模式——国际品牌茶联盟 Tea Mall（满堂香@悦茶会），这是中国首家以茶文化为主题，整合传统与时尚的大型茶品牌连锁、引领消费潮流的创新模式。"可采购名茶、可休闲体验、可参观旅游、可组织会务、可文化服务、可资源整合"。这一新业态打破同质竞争，发展茶产业、提升茶文化，实现与国际接轨具有转型意义！2013 年她又推出"茶界 3.15 审查日"，旨在发出茶界好声音，传递正能量，给力消费者。目前，严梅董事长正致力于传承中国传统文化，更与杨丽萍私家衣橱品牌"孔雀窝"服饰携手，与荣宝斋、王月要珠宝、广誉远中医文化等品牌合作。在传承中国茶文化与多元文化的路上，继续前进！

严总在发展事业的同时不忘回报社会。1997 年至今，资助孤儿，为山区修路，抗击"非典"捐款，资助孤寡老人，向汶川地震捐款，累计贡献公益事业约 400 万元。2008 年，她建立北京第一家楼宇妇委会，推出系列"和谐茶女行·健康送万家"进社区活动。2009 年，她组织成立北京第一家楼宇联合工会，参加香港国际妇女论坛。2013 年，她组建"大爱满堂"的"茶色娘子军"，组织"扶持百名茶女创业"行动。

她常说，"我是一个茶女，茶是我的终身事业。年轮上，茶是我的第一个儿子！"她一路走来，满堂香品牌已形成"农、工、商、产、学、研、店、场、会"茶产业链，获得"国家农业产业化龙头企业""行业百强"等殊荣，成为马连道开街先行者、茶经济先行代表，带动中国茶产业及中国茶 TBD 马连道不断升级换代，被业界冠予"中国茶产业引领者"。

看过潮起潮落，她会以一种从容淡定的姿态面对自己，她只能要求自己做得更好！事业的美与禅，淡然如茶，浮沉浸泡，味在其中……

# 以事业促就业　以创新促发展
## ——记北京丰盛品商贸有限公司总经理韩兵

## 企业家档案

　　韩兵，女，汉族，1980 年 8 月出生于北京，北京市总工会职工大学毕业，本科学历。现任北京天景鸿房地产经纪有限责任公司、北京爱农星农业科技发展有限公司、北京璞宝斋文化发展有限公司、北京丰盛品商贸有限公司总经理。2012 年荣获北京市优秀女企业家称号，现任北京市女企业家协会副会长。

　　2002 年，大学毕业后第二年，韩兵仅用一年的时间赚到了她人生当中的第一桶金并创办了属于自己的第一家公司——北京天景鸿房地产经纪有限责任公司，正式进入房地产行业，从北京发展到河北再到全国，事业做得有声有色。2003 年非典期间，韩兵向当地学校、村庄捐赠了价值 15 万元的消毒品。2005 年国家鼓励大学生村官创业，韩兵在区政府的支持下，她又投入到支持并帮助大学生村官创业的工作当中，在大学生村官没有资金、没有经验也没有技术的情况下，她出资 30 万元与当地的大学生村官，还有 21 名村民一起创办了北京爱农星食用菌专业合作社、北京爱农星农业科技发展有限公司，带领当地农民种植有机食用菌并开拓有机瓜果蔬菜业务，共同创业，共同致富，次年就实现了当地贫困村脱贫，得到大兴区政府的好评，该公司被评为"YBC 创业型企业"，当时任北京市委书记刘淇、市长王岐山等领导人相继到爱农星基地视察，为大学生村官创业搭建平台这种"以事业促就业、以创新促发展"的模式，得到了市委、市政府领导的充分肯定。2012 年，考虑到食品安全与食品质量正越来越多地被社会各阶层人士所关注，人们已经不再仅限于鱼虾蟹肉等高能量食品，而是越来越多地关注饮食健康。因此，顺应此思想潮流，韩兵又创立了北京丰盛品商贸有限公司，从农田到餐桌的经营理念，同时也将营养理念带进千家万户，丰富了老百姓的菜篮子，真正做到了产销一条龙，并于 2014 年参加了第九届绿色有机食品博览会荣获 SFEC 最佳产品奖，2015 ~ 2016 年在全国一、二线城市最高端超市专柜数量超过 60 家，在关注百姓健康的同时，也为生活环境增添了色彩。

# 传承中华文化使命，为中国的旅游产业发展贡献应有的力量

## ——记北京华流文化投资有限公司、北京菁启元科技文化有限公司总经理刘晓璟

## 企业家档案

刘晓璟，女，41 岁，无党派人士，对外经济贸易大学工商管理学硕士研究生在读。现任北京华流文化投资有限公司、北京菁启元科技文化有限公司总经理。

2001 年 5 月刘晓璟同志开始了自主创业之路，创立北京华流文化投资有限公司。刘晓璟同志通过敏锐的市场分析，确立独特的产品定位，同时采用先进的管理方式，创建具有活力的企业文化，使华流公司经过短短十年的成长，成为中国礼品行业的领军企业之一。北京华流文化投资有限公司是全国工商联礼品业商会副会长单位、中国礼仪休闲用品工业协会副理事长单位、北京礼品流通协会会长单位、北京电子商务协会副会长单位、北京女企业家协会副会长单位。

在刘晓璟同志的率领下，2006～2008 年初具规模的华流公司历经了一次跨越式的发展。2007 年开设全国最大的奥运专卖店华流店，500 平方米的奥运专卖店成为北京奥运会期间的亮点，接待数十万的国内外游客，实现奥运商品零售额 5000 多万元。2008 年 9 月 21 日，华流成为水立方的品牌合作伙伴，负责水立方品牌运营以及商业配套服务，引进贵州茅台酒股份有限公司出品的水立方酒，成为国内重大事件和知名品牌营销与合作的典范。

2010 年华流公司成为上海世博会的特许生产商和零售商，运营上海世博会世博轴上最大的零售店以及上海世博会北京零售店业务，华流公司在上海世博会的出色运营获得组委会的高度评价。

2011 年华流公司成为北京旅游委北京礼物项目的特许运营商，负责北京

礼物品牌的商业运营管理，以实现 2015 年在北京 4A 以上景区、星级酒店、交通枢纽、商业街区等北京礼物的商业布局，形成北京旅游商品提升与发展的示范品牌。与此同时，她还将保护发扬非物质文化遗产及旅游资源视为己任，重点对北京京郊非物质文化遗产及旅游商品进行详细的调研和开发，制定详细规划，为持续推进北京京郊非物质文化遗产的发展构建宏伟蓝图。

2012 年 5 月，华流公司成为了 2013 年北京园博会特许运营服务商，刘晓璟同志全面负责北京园博会特许商品生产商、零售商的招募、管理等工作，实现了大型项目由企业作为特许运营商的模式。相信不久的将来，在刘晓璟同志的带领下，华流公司将成为北京乃至全国大型活动特许运营服务商第一品牌和重要领军企业。

2013 年 6 月，在前任国务院副总理李岚清的关怀指导之下，华流文化启动了"让篆刻走向大众·奥运印吧"文化产业化项目。集印章文化展示交流、篆刻培训教学、印章产品研发销售于一体的"奥运印社"落户北京朝阳奥林匹克功能区，华流全面负责奥运印社的运营与管理。奥运印社于同年 11 月成为中国印吧联盟筹委会秘书处，标志着中国印文化在中华大地上拉开蓬勃发展的序幕。

同时，成功不忘回报社会。在 2009 年华流文化与国酒茅台合作"开国盛世"茅台酒取得成功后，与中国扶贫基金会共同成立"心基金"，捐赠现金与物资总价值共计 2191.6 万元，专门用于扶贫项目。2011 年，刘晓璟同志主持策划了"艺术水立方杯"国际书画大展，华流秉承弘扬中华文化、促进国际交流的使命，共投资 5400 余万元，成功举办了两届大展，并将长期、持续地举办下去，将大展发展成为中国书画届的顶级展览，成为中西方书画艺术交流展示的重要平台、社会公众艺术欣赏的窗口。

在刘晓璟同志的带领下，华流文化公司秉承让行业因为我们而改变的愿景，肩负传承中华文化的使命，为中国的旅游产业升级与文化创意行业的发展贡献应有的力量。经过十余年的发展，华流文化已形成了以集团为母体、五家子公司为骨干的集团性企业，成为了文化创意产业与旅游产业的标志品牌。

# 最美当家人
## ——记北京都市绿海兴华观光农业有限公司（奥肯尼克农场）总经理钱颖

## 企业家档案

钱颖，女，35 岁，北京市大兴区人，2005 年毕业于北京军地专修学院工商管理系，本科学历。现任北京都市绿海兴华观光农业有限公司（奥肯尼克农场）创始人兼总经理、北京鹤元仪医药有限公司总经理兼法人、北京兴达顺回收站总经理、北京金科瑞物业管理有限公司总经理兼法人。

钱颖热爱和关注妇女发展工作、儿童教育工作、环保工作和社会公益慈善事业。事业上开拓创新，积极提升企业品牌，创建绿色生态产业。打造旅游观光农业基地750余亩，为市民和广大游客提供度假、观赏、休闲的亲子胜地；为适龄儿童创建拓展、劳动、环保等社会大课堂，以"还给孩子一个绿色的童年"为主题，开展"小手拉大手"环保亲子活动等，倡导环保从宝宝做起，让宝宝带动父母和身边的人一起做环保，为环保及教育出一份力。

她热心社会公益事业，累计向社会捐款、捐物15万余元，并长期为社会智障儿童及残疾团体、60岁及以上老年人等社会弱势群体提供免费畅游奥肯尼克农场，免费提供场地举办各项活动。除此之外，她还长期定向资助3名学生，并安排其父母在农场就业，至今已让很多人赞叹这位80后的所作所为。

她在事业上特别是近几年来积极策划并筹建"奥肯尼克农场"项目，从项目的规划设计、经营理念、发展方向、产品项目的研发、拓展、品牌的推广策划等，均由她本人亲自谋划设计并参与实施。她一直致力于项目的多元化发展建设，以绿色生态农业为基础，以"爱护地球，保护环境"为核心，在"创造特色时尚，拥抱绿色生活"的经营方向上，打造新型现代都市型农业。农场主要开发农业产业园区，提升农业产业层次，以拓展农业新功能为核心，引用现代化管理理念，整合优势资源、突出地理位置，重点发展新形态的观光农业。将其奥肯尼克项目打造成为京南独具特色的"农业主题公园"，积极地带动了当地农民的再就业，并推动地方的经济发展。

目前钱颖任中国女企业家协会常务理事及北京市女企业家协会理事；被北京市女企业家协会聘请为助推女大学生就业创业讲师；并被评为大兴区"最美当家人""最美创业人""优秀女企业家"等称号。

事实证明，在钱颖的带领下，公司业绩突出，仅五年的时间，公司就从一片荒地发展建设为现在行业的一颗新星，充分体现了她的以身作则和管理水平，让人相信她是具有一定参政、议政能力、有创新的 80 后，能够代表 80 后，能够代表本领域或行业行使权利和履行义务。

# 小木偶　大产业

## ——记中国木偶艺术剧院股份有限公司总经理、北京兆华文化传媒有限公司董事长赵永庄

## 企业家档案

赵永庄，女，汉族，1956 年 4 月出生，中国共产党党员，毕业于四川大学中文系，研究生学历、硕士学位，高级经济师，中国首位国际注册资产管理师。现任北京市政协委员、北京市朝阳区政协委员、中国人民政治协商会议北京市第十二届委员会委员、中国国有资产管理协会常务理事、中国女企业家协会副会长、中华海外联谊会理事、中国光彩理事会理事、首都文化产业协会第一届副会长、国家艺术基金评审专家，荣获中宣部"四个一批"高级人才，享受国务院特殊津贴。

赵永庄总经理 2006 年控股中国木偶艺术剧院，把传统文艺院团改造成为现代文化企业。提出"传承中国木偶艺术事业、发展儿童文化创意产业"理念，创立以木偶演出为中心的大型儿童室内主题乐园"木偶城堡"商业模式，实现了在全国的品牌输出和连锁经营。

10 年来，她带领中国木偶艺术剧院实现了出精品、出队伍、出品牌、出效益的经营发展目标，出品的 24 部经典剧目深受观众喜爱。2014 年她带领中国木偶艺术剧院实现总收入 6512 万元，演出场次 3298 场，观演人数 130.5 万人次，分别比改制前增长 32.6 倍、16.5 倍和 26 倍。

2014 年，赵永庄代表北京文化企业参加两岸企业家台北峰会，做了题为《看东方，文化产业在北京》主题演讲，受到两岸企业家的热烈欢迎。

2015 年 6 月，中国木偶艺术剧院股份有限公司总经理赵永庄获得了"中国文化管理协会 2014 文化管理杰出贡献人物"荣誉称号，就任首都文化产业协会首届副会长。而在年初，赵永庄成为享受国务院特殊津贴的专家。

在剧院的管理过程中，赵永庄把"以人为本，尊重人性"作为现代管理模式理念，实行充分尊重艺术创作者的人性化管理为基础的管理模式，管理行为不是冷冰冰的命令型、强制型，而是贯穿着激励、信任、关心、情感。把务实、创新作为工作理念，围绕着繁荣艺术创作这个中心来改进和完善政策导向、行政措施和工作作风。赵永庄委员说，艺术生产是一项系统工程，是一个诸环节相维系，编、导、演、舞美共同创作合成的系统工程，流程具有多种生产状态相协同的特点，管理、服务工作要深入，不主张面面俱到，但要善抓关键环节。

中国木偶艺术剧院用10年的时间，夯实了艺术院团转企改制的阳光大道，并继续奔跑着。

# 教书育人　回报社会
## ——记北京华艺远创教育咨询有限公司董事长魏玲

## 企业家档案

魏玲，女，44岁，中国共产党党员，毕业于中央音乐学院，本科学历。现任北京华艺远创教育咨询有限公司董事长。

为了响应国家支持民办教育、鼓励艺术院校发展的号召，也为了弘扬艺术让更多的孩子能够走进艺术的殿堂，魏玲女士于2002年创建了北京华艺远创教育咨询有限公司以及和北京体育大学附属体育中专共同办学的北京体育大学附中舞蹈教学区。在北京华艺远创教育咨询有限公司支持下，2009年经丰台区教委批准北京市教委备案创立了北京市文化艺术职业学校。

由于一直从事艺术教育工作，魏玲女士对艺术院校有着十分深厚的感情与独到的理解，这也注定了她办学的着眼点和普通商人办学有着很大区别。魏玲女士办学首先考虑的是如何育人，始终"先成人，后成才"的教育理念和立德树人的根本任务，注重学生日常行为习惯的养成，在学生的成长过程中注重德育教育和素质培养；其次考虑如何培养适应社会要求的高素质艺术人才。在办学的手段上，魏玲女士凭借着深厚的艺术造诣往往可以大胆革新，把握时代发展的脉搏，制定最适合艺术院校学生发展以及社会需求的教学方针。本着一切为了学生的理念，为了给学生创造一个美好而舒适的环境，魏玲女士斥资千万（国家贷款）以自己对艺术的理解与追求打造硬件设施、改善校园环境，这在同类院校中是首屈一指的，得到了学生、家长和社会极大的认可。

办学十年多年，学校曾为600多人提供了就业机会，培养毕业学生1000余人，高考升学率达到90%以上，为北京舞蹈学院等国内众多知名大学输送了大批优秀艺术人才，也得到学生和家长的一致好评。学校国标舞专业还为国家青年队输送了数对优秀选手。学校积极组织参加各级各类比赛，参与人数多达 5000 人次，荣获奖项多达 10000 个，如：2012 年原创剧目《青花》获英国黑池舞蹈节银奖，2013 年获"桃李杯"金奖；原创剧目《飞天》获"桃李杯"银奖；原创剧目《篝火旺》《藏女梦》获北京市舞蹈比赛两个金奖；在美国举办的海外桃李杯国际舞蹈大赛中学校参赛剧目获得银奖。2014 年学校在丰台区民办非企业单位评估中获得了 4A 级单位。

在两会上，"舞蹈进校园"话题被多位与会人大代表、政协委员提出。学校承担丰台区教委艺术进校园项目舞蹈培训任务，先后为 13 所学校提供专业教学服务，培训了 3000 多名学生。在丰台区第 18 届艺术节中获得了 1 个一等奖、1 个二等奖、3 个三等奖。在第八届小荷风采全国少儿舞蹈比赛中《花儿·绽放》获得最佳表演"小荷新秀"奖、最佳组织单位"小荷之家"奖、最佳指导"小荷园丁"奖和"小荷优秀编导"奖。

2014 年魏玲女士积极响应北京市社工委和北京民办教育协会号召，参加社会公益项目"红烛行动"，以流动少年宫的形式为打工子弟学校和贫困学生教授艺术课程，承接该项目以来从不计较本身利益，每年学校都自掏腰包提供相应的配套资金用于该项目，以此来保证孩子们的学习质量。这一善举也获得了社会的肯定，在由北京民办教育协会举办的北京民办教育社会公益评选表彰活动中，北京市文化艺术职业学校获"北京社会公益项目优秀单位"称号；学校董事长魏玲女士获"北京社会公益项目优秀组织者"称号。

学校一直致力于公益事业，服务社会，多次组织参加各项公益活动，如：2008 年参加北京奥运会吉祥物花车表演；2009 年参加首都国庆六十周年联欢演出，在中心舞台表演；2012 年成功举办 WDSF 世界体育舞蹈第二届中国北京国际体育舞蹈公开赛开幕式；2012 年参加"中国百名杰出女企业家"人物颁奖盛典暨"捐资助学、走进贵州"爱心启动仪式；2014 年参加中央电视台春节联欢晚会、"六一"晚会；2015 年 5 月 10 日参加"大爱无疆"白血病女孩何春梅爱心义卖公益活动等。

# 低碳走进千万家　环保时尚你我他
## ——记北京华储物流有限公司董事长张子琴

## 企业家档案

张子琴，女，河北人，汉族，北京华储物流有限公司董事长，2001 年国际物流师、评定师、博士研究员。

张子琴是个素食主义者，世界低碳日的发起人，碳币创建者，当年由一个 24 岁外事工作者下海创业至今天已经 20 个年头，主要是对父母的感恩，对精神领袖德蕾莎修女的敬仰，采用晋商"以义制利"的经商之道，三次华丽转型，都是以善为本进行重生，将"低碳"像生命一样融入到自己的事业当中。

1997 年创业的第一家公司是专门做国际文化交流的公司，积累了人生的第一桶金，期间留学美国完成了 MBA，2001 年创建了北京华储物流有限公司，张子琴以人为本、励精图治，对人才的重视，与清华大学合作举办了第一期在职物流研究生课程班，建立了一支 300 人组成的高学历、高素质、年富力强的以物流专业为主的全方面人才骨干队伍，队伍稳定且工作高效。短短五年内就成为国内最早开展现代物流集成化管理的第三方物流企业之一。公司以系统化、规范化、网络化为核心，为广大客户提供货运代理、公路运输、仓储理货、城市配送、产品包装、流通加工及物流信息等综合性物流服务。

公司运营多次陷入险境，张子琴险中求稳，稳中求胜，转型的同时，不忘社会责任。在物流行业提出了自己的使命：汇天下精英，共建民族物流，"爱心物流、绿色物流、数字物流" = "低碳物流"，达到国际 ISO9001 所提到的"安全、健康、环保"。并成为中国首家全国性物流连锁加盟公司。

2008 年和 2013 年，华储为汶川和雅安灾区人民，分别做了很多捐助活动，并在雅安地震时提出了"爱地球、爱雅安，预防重于救助"的活动，活动期间星云法师也发来了《雅安祈愿文》。2012 年北京"7.21"水灾，华储与北京政府相关部门联合发起了智慧城市、智慧乡村终端预警惠民工程，不仅参与设计了防灾减灾的预警系统，而且负责应急物流体系的建设，还创建了一站式供应链送"福"服务到家的宅配系统，让华储人成为"千万家的服务员"，现在也参与服装回收箱红苹果和"绿手帕"保护森林公益项目。张子琴在中国地质大学上博士研究生期间发起"世界低碳日"，进行了万人签名活动，并在 2010 年 5 月 3 日联合国第 18 届可持续发展大会中向联合国人居署提交了申请，迎来了 2012 年中国第一个低碳日，在 2015 年 9 月 26 日至 28 日习近平主席出席联合国成立 70 周年系列峰会时，张子琴进行发起"低碳日"5 周年的纪念活动，建立节约生产生活的绿色消费的"碳币"。

　　"碳币"的提出是张子琴作为专家型企业家多年的智慧和实战的积累，是物流与供应链金融的碰撞，华储转型打造新能源汽车车联网和大数据供应链最后 500 米物流服务。从 2001 年研究国家"973"的额度交易开始到"垫付货款"供应链金融虚拟经济项目，到博士期间成为多家晋商资本董事合伙人，今天又成为北京大学研究员，让大数据与供应链金融结合。成为上市公司子公司北京都在哪网讯科技的战略投资总经理。独创了以物流、商流、信息流、资金流和人才流的"F2C 物联网供应链公共服务平台"模式，1.0 惠商宝，2.0 碳惠宝，3.0 幸福宝，复制输出供应链金融标准化信用服务体系。目前使用平台企业超过 11 万家，建立起全球贸易的新规则、新秩序、新环境，实现低碳梦，"碳币"使中华拥有绿色主导权！

# 创新驱动发展　绿色建筑未来
## ——记北新集团建材股份有限公司董事长、党委书记王兵

## 企业家档案

王兵，男，1972年生人，博士研究生学历，教授级高级工程师，中国共产党党员，现任北新集团建材股份有限公司董事长、党委书记。

王兵在北新建材系统工作22年来，亲历了北新建材的跃进式发展，更引领着公司走向卓越。

王兵贯彻京津冀一体化发展战略，创建六星企业示范项目。他带领北新建材将石膏板业务规模从2004年初位于北京总部的2条生产线4500万平方米发展到2015年遍布全国的62条生产线20亿平方米，超越欧洲、美国百年石膏板企业和老牌世界500强同行，成为世界最大的石膏板产业集团。位于河北故城的北新建材有限公司，是北新建材提前贯彻京津冀一体化实施的战略布局，打造并实现了业绩良好、管理精细、环保一流、品牌知名、先进简约、安全稳定的"六星企业"标杆。2012年，北新建材在天津投资5000万元成立天津北新建材有限公司，建设年产3000万平方米石膏板生产基地，基地投产后将为天津当地就业和税收做出应有的贡献。

王兵坚持商业模式转型，推动业务系统升级，带领企业走内涵式增长道路。他带领北新建材前瞻性地实施主动转型、主动求变、主动迎变的经营模式，建立"以客户为中心"的组织，提供节能环保绿色建筑一揽子解决方案，以及全产品全业务的服务与支持。他把推动"住宅墙体"改革作为重点，加快促进"装配式墙体"和"装配式建筑"的研发应用和产业化进程，推动改变中国建筑结构、建筑体系、建筑习惯，推动住宅等领域从使用传统砖头砌块墙体向使用石膏板复合墙体的转变。在纪念中国人民抗日战争暨世界反法西斯战争胜利70周年阅兵式前夕，北新建材龙牌漆再次粉刷天安门城楼，与"国之重器"一起，向世界展示了北新建材的风采。

　　王兵坚持创新驱动发展，打造供给侧竞争力，以新面貌应对中国经济"新常态"。他带领北新建材围绕产品端、生产技术端、应用技术端，以北京总部研发基地为核心，在全国 60 余个产业基地建立技术创新研发机构，与各大科研院所、社会研发资源、全球技术资源积极合作，形成协同开放的技术创新体系，打造供给侧竞争力。同时，通过强化精细化管理大幅降低运营成本，推进"四个充分""双线择优"，提高效率和优化管理，推行销售系统以利润贡献为核心的考核管理体系完善激励机制，全面释放组织活力，提高公司竞争力。

　　王兵以绿色建筑为使命，助力北京蓝天工程。他带领北新建材推进建筑、城市和人居环境的绿色化，大力发展并推进节能减排和循环经济。公司实现了石膏板生产线的 100% 脱硫石膏原料建设，开发了以 100% 钢铁厂高炉矿渣为原料直接生产保温材料和矿棉板的核心专利技术，添加粉煤灰且无石棉配方的外墙板生产技术，产品生产过程环保、能耗低且产生的废料全部予以再利用，不产生二次污染。北新建材大力推广的墙体改革，将建筑节能标准从现在的 50% 提高到 75%，加上综合解决方案可以实现 90% 乃至零能源建筑。实现了从生产、运输、安装、使用、回收全生命周期的绿色环保，节能减霾效果显著，为北京的碧水蓝天做出贡献。

　　在王兵的带领下，北新建材坚持以科技创新促进转型升级，成为科技部等部委联合批复的国家级创新型企业、工信部批复的国家技术创新示范企业、住建部批复的国家级住宅产业化基地，荣获工信部"全国工业企业质量标杆"和"全国工业品牌培育示范企业"，是科技部火炬计划国家重点高新技术企业、全国专利工作示范企业和北京市第一批 20 家专利示范企业之一，拥有国家级企业技术中心，建立博士后工作站及院士工作站。荣登世界品牌实验室"中国 500 最具价值品牌"排行榜第 77 位，品牌价值 335.15 亿元；在"亚洲品牌 500 强"评选中位居亚洲建材品牌前三强。

# 新能源汽车企业的领军人物
## ——记北京新能源汽车股份有限公司总经理郑刚

## 企业家档案

郑刚，男，47岁，硕士研究生，中国共产党党员，现任北京新能源汽车股份有限公司党委书记、总经理。

郑刚总经理坚持以集团化品牌战略助推北汽集团转型升级。在行业内首次提出建立"四统一"集团品牌管控模型，即以统一战略规划、统一形象管理、统一人力资源、统一资源协同为手段，构建价值共享的品牌架构与运营系统，提高了国有企业的市场化水平和品牌溢价能力。北汽品牌价值连续三年超过市场排名，位列行业前三。

他坚持以互联网思维实现新能源产业生态升级和创新。在没有现成发展模式和道路可以借鉴的情况下，经过调查研究和走访用户，他发现新能源是制造业与服务业的结合体，制定了全新"E + I = NO. 1"的企业战略，即通过用户体验与整合创新，把传统制造型企业变身为创新型制造服务型企业。全面导入用户思维，以"体验、专注、极致、快"的精神提升质量、加速研发、改革用人机制，以用户参与、个性化定制的交互体系取代传统封闭开发模式，大大提升了产品竞争力；以众创、众筹、分享思维，实现与互联网全面融合，确立了北汽新能源行业地位，成为国内纯电动汽车研发与制造的领军企业。

他坚持以资源整合为抓手打造北汽新能源核心竞争力。牵头成立了"两院、多中心、两平台"创新体系。通过整合研究总院与新能源研究院，与合作伙伴联合设立硅谷、亚琛、巴塞罗那、底特律研发中心，同时与科研单位创办"产、学、研"协同创新平台与"合作伙伴战略平台"，共同攻关前沿技术、布局全球产业链资源。公司主力车型EV系列产品实现了快速迭代升级，达到国际先进水平。获中国汽车行业科学技术一等奖和消费者协会评审的质量金奖。

他坚持以用户思维为原点，致力于市场推广。从 2014 年开始北汽新能源便牢牢占据着纯电动汽车市场第一的位置，2014 年累计销售纯电动汽车 5510 辆；2015 年更是突破 2 万辆大关达到 20129 辆；如今，累计销售纯电动汽车已突破 5 万辆。同时邀请用户和媒体全面参与到 EX 概念车等新产品的名称定义、标识设计甚至软硬选装件的创意开发中，打造全球首款众创汽车，在当前网络时代收到了惊人的效果，影响力进一步提高。

他聚焦员工关怀，打造新能源人才高地。坚持人才是第一生产力，外引内培、打造人才高地，汇聚了大批的高端技术、管理人才，制定了一系列的员工关怀和保留政策，充分保证广大干部员工的知情权与参与权，出台了明确的职级晋升制度，确保每位员工都能够在新能源的大家庭里获得自我提升的机会。

他以保卫蓝天为己任，把企业社会责任根植于心。2014 年，北汽新能源汽车 ES210 成为"2014 年亚太经合组织会议官方指定用车"，提供了安全、环保、可靠、舒适的用车服务。2015 年，为助力北京申奥发起"万众 E 行、助力申奥"活动，推出向北京冬奥申委捐赠工作用车和两款助奥特别版车型等一揽子计划。截至 2016 年 8 月底，北汽新能源产销突破 5 万余辆，直接减少碳排放 80 余万吨。

展望"十三五"，随着北汽新能源扩大产销规模、加大环境治理、开启全球性节能环保事业的投入等，积极承担企业社会责任的品牌形象，有望在中国乃至世界的舞台上熠熠生辉。

# 直饮水行业的领跑者
## ——记北京爱生科技发展有限公司董事长张琼

## 企业家档案

张琼，女，云南玉溪市人，中国农工民主党党员，1989～1993 年毕业于北京师范大学，曾在航天部卫校担任助理讲师，1998 年自主创业成立北京爱生科技发展有限公司，担任董事长兼首席技术官至今。2011 年成立北京爱生生物科技有限公司，2012 年被评为北京市优秀女企业家，2016 年初投资上亿元在大兴生物医药基地建成北京爱生科技园，2016 刚被评为北京市优秀创业家。

北京爱生科技发展有限公司是一家专业从事直饮水、超纯水等大型纯净水系统设备（衍生出的新兴产业模式动物斑马鱼药筛试验系统设备）研发生产的国家高新技术企业。爱生目前形成了集销售咨询、科研开发、设计生产、安装调试、验收取证和培训维护为一体的交钥匙工程，并在全国 20 多个大中城市设立了办事处，基于互联网将建立全国远程监控服务平台。

"小特专新强"一直是张琼董事长的管理目标和追求，"慎独"是公司全员的座右铭，"精气神"三个大字在会议室映入眼帘。张琼一直以市场为导向，以研发为核心，较早引进 ISO9001 和 ISO14001 双认证体系，坚持"科技创新、质量求生、持续改进、为顾客提供满意的产品"的质量方针和"遵守法规、预防污染、节能降耗，持续改进"的环境方针，实现了公司稳定持续发展。她常说我们的员工不仅要会做关键还会学和写，设备出场时送给客户一个精品同时留给爱生一部作品，爱生资料室就像一个专业图书馆。为适应用户对饮水水质的多重需求，她领导技术团队在国内率先开发出"双核心直饮水系统"，填补了国内空白，获得业内专家认可，当年获得中关村科技园首台（套）重大技术装备示范项目，同时获得国家发明专利。

为配合国家"十二五"重大新药创制科技项目实施，她带领技术团队成功开发出国内第一套具有完全自主知识产权的"实验用斑马鱼及水生模式动物养殖与发育系统设备"，再次填补国内空白，当年获得中关村科技园首台（套）重大技术装备示范项目，同时获得国家发明专利。后来，她带领技术团队又成功开发出国内第一套具有完全自主知识产权的"实验用斑马鱼及水生模式动物毒理系统设备"，又次填补国内空白，当年获得中关村科技园首台（套）重大技术装备示范项目，同时获得国家发明专利。至此，为中国生命科学研究与发展做出突出贡献。

她带领技术团队创新的"斑马鱼繁育设备和斑马鱼药筛试验设备、斑马鱼毒理试验设备"等明星产品通过参与科技部"973""985"及重大新药创制平台等科研项目，获得海内外学者的一致认可，为我国遗传发育学、行为学、药物筛选、药物安全评价、化学品毒性检定、辐射作用以及环境污染物监测等广泛的研究领域提供技术支撑。她先后主持完成国家斑马鱼模式动物中心、国家斑马鱼资源中心等 300 多个重点科研机构的斑马鱼实验室建设。

她坚持对产品不断升级开发，从民用直饮水领域迅速延伸到了工业与实验超纯水产品领域，获得了中科院高能物理研究所等国家顶级科研机构的一批大型项目。她主持了卫生部、公安部、中国银监会等办公大楼、北京电视台新址、国家开发银行总行、北京贡院 6 号国际公寓、史家胡同小学教学楼等近百个大型直饮水工程项目设计。

她以其极强的专业技术能力坚持创新，现已拥有国内发明专利 5 项、实用新型专利近 30 项；并参与了《管道直饮水系统技术规程》和《饮用净水水质标准》两大行业标准的主编和修订；研发团队被认定为北京市研发机构、北京市专利试点，并先后获得"科技创新"企业奖等重大奖项。因此，"爱生"获得北京市著名商标。

目前公司已经顺利迁入新址正常营业。由她发起筹办的以健康产业为核心的爱生科技园及"中国健康饮水产业总部基地"正式启动，爱生众创空间让创新充满活力，基于"互联网＋"的爱生网上商城正在全国蔓延，一个值得期待和尊重的健康行业发展联合体在不久的将来茁壮成长，将为社会民众贡献更大的健康财富。

爱生格言：爱与健康，不仅是个人的幸福，也是社会的财富！

# 引领中国保险经纪行业发展
## ——记江泰保险经纪股份有限公司董事长
## 兼首席执行官沈开涛

## 企业家档案

　　沈开涛，男，53岁，长江商学院毕业，硕士研究生学历，经济师职称，现任江泰保险经纪股份有限公司董事长兼首席执行官。

　　沈开涛先生具有30多年的企业管理、项目管理、投资管理、风险与保险管理等方面的从业经验，为我国建筑业改革、保险业改革，以及社会管理创新和中国走出去等做出了许多创新性贡献。

　　沈开涛先生现任江泰保险经纪股份有限公司董事长兼首席执行官、中国保险学会副会长、江泰国际合作联盟主席、江泰全球救援联盟主席，曾入选"建国六十周年——保险60人"、首届中国十大保险人物，被誉为"中国保险经纪第一人"。

　　沈开涛先生拥有长江商学院EMBA硕士学位，曾获得国家科技进步三等奖、建设部科研进步一等奖，主要著作有《施工企业项目管理与配套改革》《保险市场基础知识》《保险产品解读》《保险销售实务》《保险采购实务》《保险经纪服务》《风险识别》《合规与道德》等。

　　江泰国际合作联盟成立于2013年，成员包括各国著名的保险经纪机构、律师事务所、会计师事务所和公共关系公司等，服务网络可覆盖132个国家和地区。

　　江泰全球救援联盟成立于2016年，成员包括各国著名的救援机构、医疗机构、护理机构、安保机构和航空公司等，服务网络可覆盖103个国家和地区。

　　中国企业走出去风险发布会创立于2015年，目前已在上海和北京连续举办了两届，其公益性、民间性、权威性受到社会各界好评。2016中国企业走出去风险发布会于 2016 年 3 月 21 日在北京国家会议中心举办,来自全球近 60 名专家作了全世界 200 多个国家和地区的风险发布,有近 3000 名会议代表参会,搜狐网现场直播在线 1000 多万人。2017 中国企业走出去风险发布会定于 2017 年 3 月在江苏省南京市举办,估计参会代表超过 5000 人。

# 重焕老牌阀门企业活力

## ——记北京市阀门总厂股份有限公司董事长陈金普

## 企业家档案

陈金普，男，1967年生，福建省南安人，中国共产党党员，现任北京市阀门总厂股份有限公司董事长。

陈金普2002年参与北京市阀门总厂体制改革，实现了北阀改革的第一步，2008年北京市阀门总厂（集团）有限公司正式成立，2015年更名为北京市阀门总厂股份有限公司，是大兴区及庞各庄镇工业园区重点企业，企业占地180亩，2015年销售规模达到7亿左右，2010年公司被评为"高新技术企业"，并于2011年承接了由国家发展改革委、国家能源局主持的"超（超）临界火电机组关键阀门国产化"项目的研发工作。目前，北京市阀门总厂股份有限公司已经发展成为全国阀门行业的排头兵，是中国机械500强企业，阀门行业协会副理事长单位。

2008年，在金融危机席卷全球，各行各业面临经济衰退之际，他在北阀实行了全新的销售制度改革，并让北阀在金融风暴中取得了年销量4亿元的惊人佳绩。至今，北阀每年销售规模保持着稳定的增长。

结合"一带一路"国家发展战略和"互联网＋"的发展思路，他再次带领着北阀进入二次创业阶段，那就是"创新"和"进入资本市场"。2015年北阀整体运作稳定，目前公司已经基本完成了进入资本市场的前期准备。

随着工业4.0、中国制造2025等一系列国家战略决策的推出，2016年公司计划对全厂进行设备升级，预计投入一亿多的资金，用于实现机械化流水线生产。同时着重加强北阀研究所技术力量的投入，提升品牌核心竞争力，将其打造成具有行业标杆性的研究单位，利用特种设备打造北阀品牌。居安思危，绝不因循守旧，这是陈金普之所以能够用十余年时间让北阀重焕老牌阀门企业活力的重要原因。

饮水思源、大爱无疆，一直以来，他始终热衷于慈善事业，在家乡修路造桥、资助贫困学生、捐建中学、卫生院等慈善公益活动中都可以看到他的身影。

现在，他正在潜心研究"走出去"战略，在已开辟的东南亚、中东、北非、欧洲、南北美洲等国际市场的基础上，继续拓展国际市场的空间，他认为这是一个必然的选择。他要做一个善谋者，去赢得未来的战略。相信在陈金普的带领下，北阀未来可期……

# 与时俱进的实干家
## ——记北京蟹岛集团董事长付秀平

## 企业家档案

付秀平，男，1958年生，研究生学历，高级农艺师职称，中国民主建国会会员，现任北京蟹岛集团董事长。先后获得"99年全国乡镇企业十大新闻人物""优秀环境科技实业家""首都五一劳动奖章"等多项殊荣，并光荣当选为第十二届北京市人大代表。

付秀平是京郊一位土生土长的民营企业家，在改革开放大潮中，他租用了金盏乡长店村3200亩荒芜土地，创办了北京市蟹岛绿色生态度假村，以环境资源保护与追求经济效益并举的前瞻意识，率先掀起了一股农业有机革命的飓风。

他以企业家的敏锐眼光洞察到市场先机，自创业之初就坚持可持续发展的经营方针，坚持有机农业和特色旅游齐头并举，通过"以园养店，以店促园"，将农业和旅游业完美结合，为农业开辟一条高效化的途径，给旅游业找到了一条内涵外延的渠道，取得"农游合一"的综合效益。

他坚持"有机、环保、可持续"的经营理念，独具特色的"前店后园"农业观光旅游模式，形成了生态链的循环经济，秀丽迷人的田园风光，在京城闻名遐迩。度假村分为可再生能源工程区、有机农业生产区、旅游度假区。

可再生能源工程区由污水处理、沼气、地热、太阳能、风能组成，通过对生活污水进行无害化、资源化的处理利用，将其引入农业区，用于灌溉农田、菜地、养殖鱼蟹和饲养家畜家禽，形成生态湿地。通过沼气池对人畜粪尿、农作物秸秆、垃圾等废弃物的无害化、资源化处理，日产400立方米沼气及其副产物，用于炊事、照明、采暖等能源。利用太阳能、风力发电，成为解决能源紧缺及环境污染的重要途径。可再生能源的综合利用实现了生态系统的物质良性循环，从而使蟹岛实现了无污水、无垃圾、无粪便的零排放。

经过近 20 年的发展，蟹岛度假村现共有 8 家风格迥异的餐厅，可同时接待 10000 人用餐；各类客房 1000 多套，可同时接待 3000 人住宿；各种会议室 40 余间，适合接待所有类型的活动和集会。由于蟹岛临近北京首都国际机场，住宿的游客还可享受免费准时送机场的服务。

从 2011 年开始，付秀平带领蟹岛向文化产业进军，利用蟹岛国际会展中心的场地，尝试了举办两届"国际动漫博览会""国际啤酒节"等文化活动，目前正努力向国际旅游演艺小镇的方向发展。蟹岛现已有"汽车特技表演馆"，正在兴建"中国大马戏表演馆""百老汇综合演艺馆"和"老北京天桥文化一条街"项目，蟹岛计划通过 2～3 年的努力，在保留并提升现有农业观光体验区、康乐休闲服务区、乡村文化体验功能的基础上，把老北京的文化精髓和国际化的现代文化演艺相结合，将蟹岛打造成一个"国际旅游演艺文化小镇"。临近首都国际机场的优势，使其成为国内外游客、转机 72 小时免签旅客、外埠旅游团队的一个重要旅游目的地。

付秀平在发展经济的同时，不忘回馈社会。目前蟹岛度假村拥有职工 1200 名，解决了当地部分劳动力的就业问题，带动了地区经济的发展。他还多次慷慨解囊支持社会公益事业。

与时俱进，是付秀平的不懈追求。他跟随时代的发展，让蟹岛能够一直满足北京市民商务接待、短途旅游、家庭活动的精神文化和食宿消费需求，让蟹岛景区成为北京市民最喜欢的文化消费聚集场所，通过高度集中的演艺内容、场馆，满足不同游客的文化需求，真正把蟹岛打造成首都旅游名片。

# 带领企业谋发展　回馈社会促和谐
## ——记中国机动车辆安全鉴定检测中心总经理姚顺宝

## 企业家档案

姚顺宝，男，49岁，中国共产党党员，毕业于北京大学、国家行政学院，硕士研究生，现任中国机动车辆安全鉴定检测中心总经理、法定代表人。

姚顺宝同志现任中国机动车辆安全鉴定检测中心（以下简称车检中心）总经理、法定代表人、党委副书记。自2011年7月到任以来，坚持团结务实，锐意进取，不断完善企业制度，加强内部管理，稳定并扩大主营业务，取得了突出的经济和社会效益。

在他的带领下，2015年车检中心实现营业收入10.06亿元，比2011年增加6.68亿元，增长198%，近五年累计实现营业收入33.01亿元，利润14.72亿元；近五年累计缴纳各类税金5.51亿元。截至2015年末归属于车检中心的所有者权益16.06亿元，比2011年增加了11.81亿元，国有资产保值增值率378%，实现国有资产的大幅增值。

### 依法经营，稳定主业，壮大企业综合实力

他始终坚持依法经营，公平竞争，凭借企业自身实力，以公开投标的方式赢得订单。成功完成的案例主要包括：电子往来港澳通行证、电子护照元件层、第二代居民身份证元件层、公务用枪持枪证、民用航空器驾驶员执照、中国人民解放军2016式系列军人法定身份证件、中国人民解放军车辆驾驶证、武警号牌电子芯片、北京市政公交一卡通、北京市居住证、安徽省居住证、香港地铁票等，在市场上打出了品牌。他积极拓展国际市场，取得了美国、韩国、瑞典等国家部分城市的智能交通卡及孟加拉国护照等防伪证件的印制业务，提高了企业在智能IC卡、防伪印刷等领域的国际知名度。

### 加快转型升级，构建高精尖业务，形成战略布局

为响应北京市政府提出的推动制造业转型升级，加快构建高精尖经济结

构的号召，他带领车检中心在创新发展、开放布局方面加快前进的步伐。

一是为打破电子护照生产技术国际寡头的垄断，实现战略升级。他带领团队，经过一年多的研制和试生产，掌握了电子护照元件层生产的核心技术，获得国家新型工艺发明专利。2012 年开始承担新版电子普通护照元件层生产任务，目前已累计生产 9000 余万张。2014 年研制成功电子往来港澳通行证，目前已累计生产发放近 5000 万张。同时继续承担第二代居民身份证元件层生产任务。

二是为拓展业务范围提高盈利能力，他亲自主抓公安部和中央军委装备发展部联合批准的北斗卫星导航系统公安应用示范项目，该项目属"十二五"国家科技计划社会公共安全领域科技创新专项规划，获得专项支持 5000 万元。2016 年联合承担"十三五"国家重点研发计划中公共安全有关的示范项目。通过这些项目的实施增加了企业新的业务增长点。

三是 2016 年成功中标 2016 式中国人民解放军军官证、士官证、武警部队警官证等十五种系列军人法定身份证件和其他印制任务。在交货期短、数量大、质量要求高的情况下，按时完成军队证件换发的生产任务，为军队改革建设做出贡献，使车检中心进入军人法定身份证件印制的重要领域。中央军委政治工作部专门发函表扬，公安部主要领导作出批示予以肯定。

### 保持高度责任感，积极回馈社会

姚顺宝同志深刻认识到企业发展离不开社会扶持，回报社会是企业义不容辞的责任。2011 年以来，车检中心及下属企业向公安民警英烈基金会、外省见义勇为协会、边远贫困区县、北京印刷协会等单位捐款共计约 300 万元，积极回馈社会，帮助贫困地区，支持公安优抚工作。

他注重社会发展大局，时刻不忘资源可持续利用和生态环境保护。积极推进清洁生产，合理利用能源；改造陈旧设备、采用先进技术，从源头上削减污染；完善规章制度，落实清洁生产目标。车检中心下属企业金西公司取得《环保标志产品认证证书》并获得北京市政府奖励。

姚顺宝同志凭借在实践中积累的经验和智慧、执着与胆识，和员工一起建造企业发展的基石，坚持"依法经营，规范管理，创新发展，绿色共享"的经营理念，为推动开发区经济建设、维护社会稳定和谐做出了突出贡献。

# 不忘初心，在精准诊疗道路上砥砺前行
## ——记大基医疗董事局主席孙启银

## 企业家档案

孙启银，男，1951年6月生，山东省淄博市人，博士后导师，主任医师，国家科学技术进步奖二等奖第一获得者，"亦麒麟"人才。现任大基医疗董事局主席、苏州大学常务董事兼苏州大学附属肿瘤医院董事长、北京市核医学工程技术研究中心主任、北京核医学装备与技术工程实验室主任、北京大学第一临床医学院－约翰霍普金斯大学医学院分子影像中心行政副主任。

曾任中国化纤理事会副理事长、中华医院管理学学会理事、中华医院管理学杂志编委、中国癌症理事会理事、国际伽马刀协会会员和世界质子学会会员，北京大学兼职博士生导师、第二军医大学兼职硕士生导师，中科院研究生院MBA企业导师。

孙启银先后组织并参与"863"支撑计划等国家级科技项目6项；获国家科技进步二等奖1项，省部级科技奖7次；在核心期刊发表论文31篇，主编医学专著3部，在申请专利135项，授权专利35项。

孙启银带领大基医疗研发团队，一直奋战在健康产业第一线。1967年从医，在医疗行业填补了多项国际国内空白。他创立了我国第一家中外合资综合医院，引入中国第一台伽马刀。1993他引进第一台PET，开创了中国医疗无痛治疗和分子影像技术。为了学习，他数十次远涉重洋，潜心钻研，发明了全球PET磁共振图像融合技术，在他手上诞生了全球第一张PET磁共振片。目前，其核医学器械研究团队有三项专利技术填补国际空白。

除引进PET外，还首次在国内引进了PET－CT、质子、伽马刀、X刀、光子刀、心脏激光治疗机和诺力刀，开发和指导了全国无创医疗的重大进展，推动国内医疗事业的发展和进步。

主持研发完成大基医疗癌症诊断及治疗设备 PET、PET - CT、PET - MRI、MRI - CT、PET - MRI - CT、机器人影像系统、DS、A45、A45 - DS 系统,推动国内核医学诊断及肿瘤治疗装备领域的发展,为肿瘤的诊断及治疗提供了独有的高精度高效率的诊疗方案,成为肿瘤患者特别是晚期肿瘤患者的福音,为推动整个社会医疗事业的发展做出突出贡献。

其中,鉴于 PET 在应用过程中的效果显著,荣获国家科学技术进步奖二等奖殊荣。PET - MRI 突破性地将 PET 与 MRI 联合成像,实现全球首次临床应用,实现精确度更高的肿瘤诊断,且不对患者本身造成辐射损伤,更大程度上实现了绿色健康诊断的理念和模式,造福癌症患者。

与国际著名学者曾俊博士为代表的大基医疗研发团队,共同发明 A45 治疗技术和皮摩尔检测技术。

颠覆性治疗技术——A45 治疗技术,可以有效治疗癌症、血管斑块、糖尿病、老年病等重大疾病。在治疗肿瘤方面,A45 治疗技术可以显著提升肿瘤患者生存率,提高患者生存质量。据了解,苏州大学附属肿瘤医院已通过大基医疗的 A45 治疗方法,延长了两千余例病人的生命。这些病人大多是经过一段时间的放化疗失败或又见复发、转移的Ⅳ期病人。医院数据显示,接受 A45 治疗的非小细胞肺癌患者一年生存率由国际上的 28% 提高到 78%,二年生存率由国际上的 7% 提高到 53%。

皮摩尔检测技术,可以诊断个体脏器功能和亚健康程度,为亚健康诊断和治疗提供国际上唯一科学化、分子影像化、精确量化的诊断数据。在帮助患者找到健康问题症结所在的同时,提出配套解决方案,真正做到疾病的早诊断、早治疗、早康复。

# 创新为源，人才为本
# 感恩社会，积极回馈

## ——记北京赛升药业股份有限公司董事长兼总经理马骉

## 企业家档案

马骉，男，52岁，中国共产党党员，中国农业大学博士，北京赛升药业股份有限公司董事长兼总经理，兼任农投诚兴董事、北京市医药行业协会副会长、中国生化制药工业协会常务理事、农业部农产品质量监督检验测试中心客座教授等。

马骉是技术人员出身的企业家，主持参与多项科学技术研究。由他主持研究的肝细胞再生刺激因子的分离、纯化及性质研究，获得发明专利一项，其制剂1996年被国家卫生部批准为一类新药，同时该项目在2000年获辽宁省医药技术进步一等奖和辽宁省政府科学技术进步二等奖。另外，由马骉主持的静脉注射用低分子高含量胸腺激素的研究，成功地解决了以往该制剂在实际应用中存在的难点，极大地方便了临床的应用，获北京市技术开发优秀项目三等奖，在胸腺激素的应用上起到划时代的作用。成功开发了蛇毒溶栓类系列产品，如消栓灵及其制剂、精纯抗栓酶、降纤酶、纤溶酶、激肽原酶等。其中，精纯抗栓酶获得北京市医药总公司优秀科技开发成果一等奖；与中国农业大学合作对蛇毒纤溶酶进行的产业化研究项目"免疫亲和层析规模纯化纤溶酶及其药学性质、药物制剂的开发研究"经教育部科学技术委员会鉴定，该项目达到国际领先水平，获得北京市科学技术奖三等奖。作为第一发明人获得国家发明专利20余项，发表科研论文20余篇。获得北京经济技术开发区优秀科技人员、北京经济技术开发区科技创新先进个人、北京经济技术开发区优秀共产党员、全国制药行业优秀企业家等荣誉称号，具有良好的社会影响力。

北京赛升药业股份有限公司由马骉董事长于 1999 年 5 月创立，是一家专注于生物化学医药产品的研发、生产和销售的高新技术企业，产品涉及心脑血管、免疫调节和神经损伤三大医疗领域。自公司成立之初，马骉就开始组建研发中心，十分注重公司的科技创新，经过多年自我完善，已逐步建立起以科技、创新、销售、服务为一体的高新技术产业和基于抗体与抗体可变区亲和层析分离纯化技术的生物大分子研发平台。目前研发中心已成功开发蛇毒纤溶酶、薄芝糖肽、大规格胸腺肽、脱氧核苷酸钠、单唾液酸四己糖神经节苷脂钠等用于防治血栓、心脑血管疾病及免疫调节、治疗脑神经损伤药物30 个品种、61 种规格，均获得国家药品生产批准文号。研发中心 2012 年获得北京市科学技术委员会《北京科技研究开发机构》的认证和北京经济技术开发区管委会"企业创新中心"的认定，2014 年被北京市经济和信息化委员会认定为《北京市企业技术中心》。

同时，马骉董事长注重科技成果的实施与成果转化，牵头与中国农业大学食品科学与营养工程学院、北京大学天然药物及仿生药物国家重点实验室、吉林大学等签署产学研合作协议，各方集成优势资源，以把科研成果转化为生产力、促进科研机构、企业和社会的共同进步为目标，在优势互补、平等合作、互利双赢的基础上实现共同发展。

企业的欣欣向荣得益于企业家的优秀管理与经营，马骉董事长的主要事迹可概括如下：

（1）创立公司，促企业蓬勃发展。马骉于 1999 年 5 月创立北京赛生药业有限公司，2002 年进驻北京经济技术开发区，2011 年改制为股份制企业，名称变更为北京赛升药业股份有限公司。2015 年 6 月 26 日，公司在深圳证券交易所创业板上市，正式进入资本市场。北京赛升药业股份有限公司是中关村"十百千工程"重点培育企业。2011 年 9 月 20 日入选北京生物医药产业跨越发展工程（G20 工程）企业（2011～2013），2013 年继续入选 G20 工程企业（2013～2015），并获得"G20 工程优秀企业"（2013～2015）称号；2012 年12 月被中关村科技创新和产业化促进中心遴选为中关村国家自主创新示范区"十百千工程"重点培育企业；2013～2015 年连续三年获得"德勤－亦庄高科技高成长 20 强"。

（2）坚持创新为源，人才为本。马骉董事长注重研发中心的建设和科技成果的实施与转化，牵头与中国农业大学、北京大学、吉林大学等签署产学研合作协议。在多年的企业管理过程中，不断加强企业文化建设，健全党团组织，合理调整薪酬福利制度，实行员工绩效考核制度，为员工创造人性、稳定、合理的工作环境，增强团队凝聚力。

（3）扩大规模，增强企业竞争力。由于生产产能难以满足销售需要，2010年公司投资1551万元在原产地扩建厂房2133平方米，购置设备31台（套），增加了水针和冻干粉针各两条生产线，年生产能力扩大2倍。2015年10月，公司医药生产基地、心脑血管及免疫调节产品产业化项目正式开工建设，医药生产基地项目占地42000平方米，建筑面积89800平方米，2018年初投入使用，建设生产、办公、质量、仓储、后勤保障等单位工程10项，新增生产线8条。新基地的建成和产能的释放也将在赛升药业发展史上增添浓墨重彩的一笔。

（4）感恩社会，积极回馈。马飚董事长坚持公司源于社会、回报社会的信念，积极参与社会公益活动及慈善活动，先后在非典疫情爆发、西南四省发生严重旱情、青海玉树地震等事件发生后组织参与捐款，连续多年慰问北京希望之家儿童福利院，与大兴区魏善庄镇东南研堡小学举行文明共建，进行物质资助，以实际行动履行了企业公民的社会责任。

# 攻克科技难点，实现抗体研发和
# 产业化领域的历史性突破
## ——记百泰生物药业有限公司董事长、总经理白先宏

## 企业家档案

白先宏，男，研究员，中国共产党党员，清华大学环境科学与工程系硕士，美国加州大学访问学者。荣获古巴国务委员会颁发的友谊勋章。曾在中国国家科学技术委员会担任副处长、处长、副司长和中国国际科学中心主任。

白先宏是中国抗体产业的开拓者，高新技术企业百泰生物药业有限公司创建人、董事长、总经理，国家科技专家库专家、国家科技奖励库专家、中国医药生物技术协会单克隆抗体专业委员会副主任委员、北京市科学技术委员会专家库专家、北京市大兴区商会副会长。曾先后主持完成国家"十五""十一五""十二五"科技重大专项、"863"专项、国家发改委高新技术产业示范工程项目、国家科技部国际合作项目以及北京市重大科技项目的研究开发工作，曾入选国务院政府特殊津贴专家，荣获中国药学会科学技术奖二等奖，北京市科学技术奖一等奖，是北京经济技术开发区海外高层次人才、北京经济技术开发区十大先进人物、北京经济技术开发区博大贡献奖获奖人物。

2000 年 8 月白先宏创建了百泰生物药业有限公司，是中古合资合作的生物医药高新技术企业，以研发和生产治疗恶性肿瘤的单克隆抗体药物为主营方向。经过十年的艰苦探索，百泰突破了我国生物技术产业发展的技术壁垒，创造了三个国内第一：国内第一个哺乳动物细胞大规模培养技术平台（抗体产业化平台），国内第一个抗体人源化技术平台，开发了国内第一个人源化单克隆抗体药物"泰欣生"。

百泰生物通过自主创新，在大规模动物细胞连续灌流培养工业关键技术领域达到世界领先水平，自主开发集成的灌流核心技术突破了国外同类工艺

的技术难点，先后建成 2500L 和 3000L 规模连续灌流生产线，其中 3000L 生产线在规模、装备、工艺技术方面是目前全世界最先进水平。

百泰生物开发了我国第一个人源化抗体药物"泰欣生"，该药物于 2005 年被国家食品药品监督管理局评定为国家 I 类新药，它的问世填补了国内哺乳动物细胞大规模培养生产蛋白药物领域的空白，也填补了国内人源化单克隆抗体领域的空白。泰欣生是世界第三个被批准用于治疗实体瘤的癌症治疗药物，人源化程度高达 95%，居全球领先水平，主要用于治疗鼻咽癌、食管癌、胰腺癌，非小细胞肺癌等，疗效显著，安全性高，副作用小，为广大癌症患者提供了新的治疗方案。现已纳入 2015 版中国药典，成为我国第一个抗体药物国家标准，为同行企业树立了标杆。

白先宏同志作为《中古生物技术合作框架协议》中最重要项目的负责人和开拓者，建成了目前国内规模最大、设施最先进的人源化单克隆抗体研发和产业化基地，攻克了我国 30 多年希望实现的科技难点，实现了我国在抗体研发和产业化领域的历史性突破，为我国生物医药的进一步发展做出了突出贡献。

# 精准医疗的探路者

## ———记北京博奥晶典生物技术有限公司
## 董事长、总裁许俊泉

## 企业家档案

许俊泉，男，1975 年出生，中国民主建国会会员。2000 年硕士毕业于清华大学生物科学技术系，2007 年获得美国 UCSD 大学 MBA 学位。

现任北京博奥晶典生物技术有限公司董事长、总裁，兼任博奥木华基因科技有限公司董事长及深圳微芯生物科技有限责任公司董事长；任中国侨商投资企业协会第一届科技创新委员会会员、中关村中创体外诊断产业技术创新联盟副理事长、中关村玖泰药物临床试验技术创新联盟副理事长和北京市大兴区－开发区党外知识分子联谊会副会长。获得第五届中国财经峰会 2016 最佳青年榜样奖。

博奥晶典生物技术公司主要从事生物芯片、基因测序、多重 PCR 和生物信息等生命科学领域的研究开发，及其相关研究成果在科研服务、重大疾病诊断、HLA 分型、分子育种、中药鉴定、食品安全、动物疫病及细胞免疫治疗等行业市场的推广应用。

许俊泉带领着博奥晶典团队以科技为立身之本，坚持科技创新的道路，加速推进科研产品的产业化进程，短短两年时间就实现了年度创收上亿元的跨越，籍此业绩获得了"德勤高科技高成长中国 50 强"第六名和亚太地区 500 强第十名的荣誉。博奥晶典拥有自主知识产权的国产生物芯片类产品已经批量出口到了欧洲、美洲、亚洲等三十多个国家和地区。同时，已支持客户发表 SCI 文章 1300 多篇，影响因子累计近 6000 分。由晶典研制开发并推广开展的新生儿耳聋基因筛查项目首开国内大规模新生儿基因检测的先河，已累计筛查超 150 万人次。晶典在推进这一全球最大的遗传性耳聋基因筛查项目的同时，建立了权威而翔实的耳聋基因数据库，据统计，中国人群的致聋基因携带率约为4%，药毒性致聋基因携带率约为0.3%，为国人预防并阻断遗传性耳聋提供了有效依据，为国家减轻医疗经济负担，也使更多先天失聪幼儿能够及早确诊，进行干预性治疗，最大程度恢复语言能力，惠及万千家庭。

博奥晶典是国内最大的 Affymetrix 公司认证服务提供机构，国内唯一 Affymetrix 公司 SNP 分型模范服务商，亚太地区唯一通过 Roche – NimbleGen 公司 5 个技术领域的认证服务机构，国内唯一 ABI 7900HT 认证机构，国内最大 Sequenom 服务机构，建设有全国首家同时拥有 CNS 检测实验室认可证书和美国 ASHI 实验室认证证书的实验室以及中华骨髓库（CMDP）下属最大的 HLA 组织配型实验室。

博奥晶典是北京市级企业科技研究开发机构、国家高新技术企业，已经有 15 项新技术或新产品入选北京市新技术新产品（服务）名单，获得了"国务院侨办重点华侨华人创业团队""新区科技服务机构""新区重点科技服务机构""新区小巨人重点培育企业""中华骨髓库 2014 年优秀合作实验室""2014 年度中国最具成长性企业""2015 年度生物健康行业创新十强"等荣誉称号。

# 主导产品研发　重视持续创新
## ——记数码辰星科技发展（北京）有限公司总经理孙晓斌

## 企业家档案

　　孙晓斌，男，42 岁，教授级高工，毕业于华中科技大学，博士研究生，现任数码辰星科技发展（北京）有限公司法人兼总经理。

　　孙晓斌先生主要从事多媒体视音频处理技术和数字版权保护技术（DRM）的研究，现为国家广电总局 DRM 标准起草委员会专家组成员、国家电影技术专家组主要成员、国家电影局技术标准评审委员会委员、北京市科学技术专家库入库专家、电影总局科技论文大赛评委、首都文化产业协会副监事长暨常务理事、中国电影发行放映协会电影技术分会理事，是国内著名数字电影技术专家型企业家，在电影放映领域有着广泛知名度和认可度。作为第一完成人，获得国家新闻出版广电总局"2015 年度电影技术应用成果奖"二等奖和"2015 年北京市科学技术奖"二等奖。其管理类科研成果"嵌套式决策支持系统"曾获湖北省科技进步二等奖。

　　先后担任大地集团总工程师、大地集团研究院院长、数码辰星科技有限公司总经理等职，带领团队开展数字电影相关技术的研究，作为主要研究成员先后参与国家 863 项目一项，自然科学基金项目两项。作为主要负责人承担了国家科技部重大科技支撑项目"数字电影运营服务及管理支撑平台示范项目"的研发。作为项目负责人承担了北京市科技计划 - 科技服务业促进专项项目、北京市文化创新发展专项项目和中关村国际化发展专项等项目。

　　在《机械工程学报》《自然科学进展》《华中理工大学学报》和《现代电影技术》等国家一级学报及核心科技期刊发表学术论文 20 余篇，出版专著两部，获得国家专利 8 项，参与起草、制定行业标准 3 项。

### 公司经营管理成就

　　孙晓斌先生有着丰富的企业管理经验和先进的企业管理理念，他结合技术型公司实际情况，建立健全了人性化的管理制度和管理流程，始终抱着"敢为天下先"的理念，积极开拓创新，其创新不光反映在技术创新、管理创新，还体现在市场服务创新和销售模式创新上，他在国内率先推出影院全套放映系统由传统销售模式改为租赁服务或票房分成模式，既降低了影院投资人的初期影院建设成本，又扩大了公司产品的市场份额，实现了与客户的双赢。

孙晓斌先生2009年9月筹备创建了数码辰星公司并带领其高速发展，该公司是一家专业从事数字媒体技术服务及系统集成服务的高科技公司，在他的带领下，凭借多年在流媒体、版权保护、信息安全、应用管理等领域积累的经验，使公司成为该领域内著名的应用系统解决方案技术服务商。使公司先后获得国家高新技术企业证书，通过ISO9001质量管理体系认证、北京市企业技术中心认证、中国电影院放映系统工程技术三级资质认证，是中国电影发行放映协会理事单位、广电总局DRM技术标准委员会委员单位、北京市专利试点验收单位、中关村标准创新试点单位，是北京市最具投资价值的文创企业之一。

目前已取得专利14项，其中发明专利11项，软件著作权42项。

在孙晓斌先生的带领下，公司年销售收入从公司创建初期的几百万元到现在的年销售收入2亿多元，公司业务实现快速发展。2015年资产总额达到1.76亿元，销售收入达到2.08亿元，上缴税金总额714.72万元。

### 主导研发的主要产品

（1）主导自主研发填补国内空白的2K/4K数字电影云服务器。带领研发团队成功研发国内首台符合国际DCI组织技术规范的电影服务器，作为第一完成人，获得2015年度国家新闻出版广电总局"电影技术应用成果奖"二等奖和"2015年北京市科学技术奖"二等奖。该产品获得认定为2016年北京市新技术新产品。

（2）主导自主研发数字电影激光巨幕系统。2014年初，推出国内第一套自主知识产权的激光巨幕系统产品，目前已应用到几十个影厅，大大提高了影院放映品质，提高了影院票房，填补国内该产品的产品空白，替代进口。该产品被认定为2016年北京市新技术新产品。

（3）主导自主研发影院安全计算机售票系统（获得广电总局电影局正式认证）。推出国内第一套安全票房信息管理系统，其核心专利被国家电影专资办新安全票务标准采纳，该产品获得认定为2016年北京市新技术新产品。

# 基因科技 + IT，"让生命绽放" 精彩演绎

## ——记安诺优达基因科技（北京）有限公司
## 总经理、首席科技官陈重建

## 企业家档案

　　陈重建，男，34 岁，安诺优达基因科技（北京）有限公司总经理、首席科技官，研究员。2000 年 9 月至 2010 年 7 月中山大学生物化学系本科毕业后在生命科学学院硕博连读，2007 年 10 月至 2010 年 12 月在巴黎十一大学微生物与遗传所就读博士。中山大学生物化学与分子生物学博士、巴黎十一大学生物信息学博士，法国居里研究所博士后。

　　陈重建于 2012 年 4 月 28 日与两位合伙人共同创办安诺优达。安诺优达是一家专注于将最新基因组测序技术应用于人类健康和生命科学研究领域的领先型公司，是我国基因诊断及临床产业化应用的领军者。公司以丰富的基因组学研发成果为基础、以世界最先进的测序平台为依托，以专业的生物信息分析技术为核心，致力于实现新一代基因组学科学研究与技术开发成果在生命科学相关领域的推广和应用。

　　（1）学子归国，无创产前 DNA 检测大获成功。

　　2013 年回国全面主持公司的科技研发工作，成功抓住基因产业化浪潮与机遇，并很快带领团队突破技术难关，短短半年内成功将无创产前 DNA 检测技术从研发孵化走向转产，并迅速占领市场。随后，陈重建对研发团队进行了整合，将 100 多名研发人员整合成若干个科研项目小组，使公司在有限的人才中尽可能提高工作效率，并成功研发出一系列核心产品。

　　（2）从生育生殖到肿瘤诊疗，基因测序推动精准医疗。

　　除生育生殖领域，安诺优达还致力于基因测序在肿瘤个体化诊疗方面的

应用，开发了包括实体肿瘤个体化诊疗基因检测、血液病基因检测、乳腺癌/卵巢癌基因检测等产品，并在此基础上为医务工作者提供药物疗效评估、耐药分析、动态检测等参考信息，辅助他们更好地开展精准诊疗，推动我国精准医学事业的发展。

（3）以专业分析团队和强大的技术平台，服务生命科学研究。

安诺优达在业务开展过程中，培养和历练出一支高效专业的生物信息分析团队，建立了严密的数据质控体系，拥有业内领先的 Illumina 测序设备以及高性能计算平台，能够为生命科学相关的科研工作者提供高效、前沿的基因组相关科研服务。凭借强大的科研能力，安诺优达在基因组学科技服务领域树立了坚实的根基，实现了"让发现更快"的承诺。

（4）创业之路，再艰辛也要走到底。

"创业会遇到各种各样的问题，例如在创业初期，就需要尽快解决如何把科研团队搭建起来，然后研发出可以应用于临床的产品的问题。而且，公司早期依靠天使投资搞研发，成本非常高。再加上当时的国家政策也不是很明朗，导致创业初期非常艰难。"

陈重建博士在公司内部营造了一个类似海外实验室的研发环境，科研氛围自由宽松，人与人能够平等地交流科研问题，他还鼓励研究人员多写学术论文，多参加学术会议，多进行学术讨论和交流。

总之，安诺优达的成功，离不开陈重建、梁峻彬等海内外学子的努力。凭借在基因检测领域的突出成绩，陈重建博士入选了北京"海聚工程"，成为北京市特聘专家，先后获得"中关村十大海归新星""亦庄新创工程·亦麒麟人才"等荣誉。2016 年 9 月 10 日，陈重建博士当选中国研究型医院学会血液病精准诊疗专业委员会副主委。创业不易，创业成功更难。不过，陈重建博士有信心让更多的人受益于他的研发项目。

（5）打造完整产业链体系，以推动基因测序实用化为己任。

安诺优达通过引进和自主研发，逐渐构建出由高通量测序仪、高性能计算平台、专业软件应用和应用规范标准的基因测序整体解决方案。不仅自用，同时也向相关科研机构及临床单位提供实验帮助及整套产品服务，以推动基因测序更快速步入实用化。

正如同比尔盖茨所认为的，信息产业之后是生命健康产业。作为生命健康产业的践行者，安诺优达已扬帆起航，未来可期。

# 打造国际一流门控及安防制造企业，
# 塑造国际知名品牌

## ——记欧必翼门控科技（北京）有限公司董事长张建新

## 企业家档案

张建新，男，山西昔阳人，1976 年生，中国共产党党员，先后于北京大学光华管理学院、长江商学院进修工商管理专业。现任 OBE 集团董事长、北京经济技术开发区青联常委、北京经济技术开发区企业协会副秘书长。

2000 年，张建新开始自主创业，成立了北京三合新正门业有限公司。公司的主营业务以代理原装进口品牌为主。随着公司的不断发展，张建新作为公司的决策者和管理者，他不再满足于实现销售目标，开始着眼于公司的长远发展。张建新认为只有自主研发创新，掌握核心的技术优势，企业才能实现长远发展。他将大量的资金投入到技术研发领域，经过不断的创新与积累，2003 年，自主研发成立了"OBE 品牌"，期间仅他本人就获得专业领域的 40 余项发明专利，成为门控行业的佼佼者。2002 年获得全国城乡建设百强人物称号。2010 年被中国贸易委员会授予优秀创新企业家称号。

为实现"打造国际一流的门控及安防制造企业，塑造国际知名品牌"这一战略目标，2008 年与美国通用工控技术合资，创建欧必翼门控科技（北京）有限公司。2010 年，欧必翼在海内外设立 24 个直属办事处，其中自主研发生产的旋转门、安全速通门以及机场、轨道交通专用设备等典型业绩覆盖全球 17 个主要城市和地区。在不断推进技术创新和管理创新的同时，他更加注重拥有自主知识产权的核心技术和产品，在引进、消化、吸收美国通用工控先进技术的基础上，利用多年积累的技术开发和制造经验，进行开放式自主创新，实现了企业持续、快速的跨越式发展。

2014 年，公司投资约 2 亿元，打造位于北京市经济技术开发区的 OBE 互联网创新园，该项目占地 1.5 万平方米，总建筑面积约为 3 万平方米，是真正实现科研、开发、生产、销售于一体的现代化基地。"OBE 品牌"，已成为门控行业标杆企业，多项领先技术成为行业内参标。

面对传统产业的转型与升级，在"互联网＋"时代背景下董事长张建新领导 OBE 率先完成传统制造业的转型，成为涉足门控、安防、互联网创新园、投资、物业管理多板块融合发展的集团化公司。并协同多名资深的企业家、投资人共同出资组建开发区的创投母基金，母基金的成立不仅是资金的聚合，更是资源的聚合，主要服务于开发区的创业投资项目，同时引进多支知名的投资基金，来帮助成长中的企业解决融资的问题，来实现金融资本促进产业整合与发展的目的，使未来的开发区成为互联网＋金融＋产业的新阵地。

张建新抓住"互联网＋"的机遇，实现了互联网与制造业的进一步融合，在传统产业的基础上，依托欧必翼投资基金的优势为园区嫁接互联网企业，发挥互联网产业的集聚效应，同时，着力运用互联网技术提升 OBE 园区的品牌价值。OBE 园区作为北京市经济技术开发区"互联网创新"示范园，促进入园企业的"集群发展"，选择各个行业或特定领域具有高成长性、高创新性的企业。

伴随着 OBE 集团蓬勃快速发展，运营规模不断扩大，新的思维和方向不仅对于扩大企业规模起到极大的促进作用，更使企业迈上了规模化运营的水准。今天的 OBE 集团，正站在新的起跑线上，即将开启新征程。

# 创新引领发展　专注成就专业

## ——记兰格电子商务有限公司董事长刘长庆

## 企业家档案

刘长庆，男，出生于 1958 年，中国共产党党员，毕业于北京经济学院经济数学系计算机专业，研究生学历，工程师。兰格钢铁网创始人，现任兰格电子商务有限公司董事长，北京兰格加华置业有限公司董事长。

北京市第十二届宣武区政协委员、第十三届西城区政协委员、清华大学钢铁同学会会长、中国金属材料行业协会副会长、中金协钢铁电商专委会副会长、北京金属材料流通行业协会副会长、北京物资学院兼职教授。

刘长庆毕业于北京经济学院经济数学系计算机专业，毕业后在北京市物资局做了十三年的钢铁信息管理系统软件开发工作，这让他对钢铁贸易行业有着深入的了解，也为以后转向钢铁贸易行业的信息化奠定了基础。

### 信息服务：让钢铁贸易更加公正透明

20 世纪末，钢铁贸易开始从计划经济转向市场经济，刘长庆敏锐地抓住了这一改变所带来的机遇。1996 年，他离开北京物资局，创办了兰格信息咨询有限公司，将公司定位在为钢铁生产、流通、消费企业提供广告信息服务上。1998 年，兰格全面打造钢铁信息的网络化，兰格钢铁网成立。在全国的很多大中城市，兰格钢铁网的网价已经成为钢材采购单位与贸易商签订采购合同的标准基价。国家发展改革委在钢铁价格监控和市场的研究上都会听取兰格的汇报。

2007 年，兰格推出了反映全国钢铁市场价格行情的"兰格钢铁价格指数"，每周发布一次。同时，它为钢铁贸易商提供了钢铁搜索工具 lgsou（兰格搜钢），成为了中国钢铁行业内第一大钢铁搜索引擎。成立行业研究机构——兰格钢铁信息研究中心，聚集了从事钢铁市场研究工作的资深专家，从事钢铁市场深层次研究与分析。

## 钢铁电商：推动钢铁流通行业模式变革

近几年，钢铁行业面临产能过剩的困境，刘长庆认为，钢铁电子商务是一次全新改革。兰格于2012年开发了具有集信息功能、资源功能、支付功能、融资功能和仓储物流功能五大核心功能于一身的钢铁现货交易平台——兰格钢铁云商。它通过与钢贸商、仓库、银行、钢厂、物流园、终端用户的实时信息互动，将钢铁产业链连接在一起，一站式地实现了更大范围内的资源优化配置。平台现货年成交量达350万吨。

2013年，兰格申报的"兰格钢铁电子商务平台集成创新项目"正式入选工业和信息化部"行业电子商务平台服务创新"名单；兰格公司的"兰格钢铁电子商务平台升级扩建项目"，入选2015年工信部互联网与工业融合创新试点企业。近日，在中国物流与采购联合会开展的专项称号推选活动中，刘长庆荣膺"2016推进流通现代化杰出企业家"称号，兰格钢铁云商荣获"推进流通现代化全国重点培育市场"称号。

## 实体商务服务：满足企业升级需求

刘长庆力求把更多优秀的钢铁生产和贸易企业聚集在一起，进一步提升钢铁交易环境。2013年，兰格加华产业园在这一理念下诞生。兰格加华产业园位于通州台湖镇，总建筑面积32万平方米。紧邻中关村科技园光机电一体化产业基地、环渤海高端总部基地等高科技产业园区，具有良好的区位、产业基地集中等优势。项目建成后必将成为立足华北、面向全国乃至世界钢铁行业高端企业及非生产型服务企业的综合性高端总部基地。

二十年来，刘长庆一直专注于钢铁流通产业链，把兰格集团成功打造成一个集钢铁信息平台、钢铁交易平台、钢铁商务园三大服务平台于一身的综合服务体系，最大程度满足了钢铁生产、贸易、采购等不同层次用户的多元化需求，引领了行业的发展。

# 工欲善其事　必先利其器

## ——记北京丽景恒贸易有限公司董事长欧金发

## 企业家档案

欧金发，男，47 岁，福建莆田人，中国共产党党员。现任北京丽景恒贸易有限公司董事长、北京隆盛恒发建筑装饰材料有限公司总经理、恒达炜业（北京）科贸有限公司总经理、北京市木业商会常务副会长、世界杰出华商理事会理事长。

古人云："工欲善其事，必先利其器"，而对企业来说，需要"利"的则不仅仅是"器"，领导者的横贯把控能力、规划统筹能力往往起着更为至关重要的作用。

从北上创业开始，由小到大，由弱到强，欧总走过了一条筚路蓝缕，敢拼会赢的创业之路。他知道如何沉淀自己，创造机遇，更清楚如何化繁为简，舒缓压力。二十多年来，作为北京丽景恒贸易有限公司董事长，欧金发驰骋商场，厚积薄发，始终将"诚信、协调"的理念贯彻始终。对道德要心存敬畏，对合作伙伴、员工的承诺更要及时兑现，只有以诚为本的企业才有立足之地。

一路走来，对于欧总来说最大的乐趣莫过于看着自己一手经营的企业茁壮成长，最大的收获则是在云波诡异的商场上结识的患难之交。他的成功源自他的执着坚定，也源自他的乐观和坦然。"与知己好友谈心交流"是他平时放松解压的方式。这是一个足够坚定的男人，当工作成为一种享受，压力自然化成了向前的动力，享受工作的同时也是在享受生活。

在成功经营企业之外，欧总也不忘担负作为企业家的社会责任。公司成立多年来，一直本着"诚信、协同"的理念，诚信经营，得到了很多合作伙伴及相关单位的认可和赞许，并先后多次被授予"诚信企业""优秀会员单位""优秀合作伙伴"等称号。这些荣誉都离不开他富有智慧的企业管理经验及员工们兢兢业业的努力付出。

富裕不忘桑梓人，回馈家乡，为家乡建设做贡献是企业家的一种社会的使命感。资助贫困大学生，赞助家乡建设学校，投资家乡道路设施建设捐款，为村里的学校捐资购置新设备等，无不体现了作为社会一份子的责任感。游子在外，孕育他成长的家乡是任劳任怨的功臣，回报社会，回报家乡是企业家的优秀品质。

尽管传统行业的发展遇到了瓶颈，但在欧总看来，只有失败的企业，没有失败的行业，企业的发展不仅关乎个人，更关乎社会。企业创新尤其重要，这不仅是在企业的管理制度上，更是在公司的发展模式上下工夫。"工欲善其事，必先利其器"，要想做好一个优秀的企业管理者，需要不断地充实自身的文化水平，需要在遇到困境的时候用足够冷静和智慧的头脑去解决这样那样的问题，这个秉承着传统莆商精神的企业家，始终以"上善若水，守信如潮"的经营理念引领企业发展。他从木材起步，逐渐打造出涉及模板、石材等建筑材料以及电子科技产品为主的大型贸易公司，折射出了传统莆商坚忍不拔、开拓创新的奋斗缩影，我们有理由相信，欧总必将带领旗下的公司书写更为辉煌的明天。

# 用诚信与服务体现"以人为本"

## ——记北京拒马娱乐有限公司总经理张旭东

## 企业家档案

张旭东，男，45 岁，毕业于天津旅游学院，北京拒马娱乐有限公司总经理。

北京拒马娱乐有限公司成立于 1997 年。总经理张旭东已驾驭公司辉煌发展 12 年。公司主要经营项目分为四大类：其中大型游乐园 1 处、自然风景区 3 处、宾馆饭店 4 处、水上游乐场 4 处。2015 年共接待游客 140 万人次，没有发生任何安全事故，也没有出现相关方的抱怨和投诉。2013 年被北京市消费者协会评选为诚信服务示范单位，2014 年 12 月被北京市安全生产委员会批准为安全生产标准化三级企业，2014 年 6 月公司商标被北京市工商行政管理局批准为北京市著名商标，2015 年被中国索道协会评选为安全生产先进单位。

回顾几年来的工作，公司总经理张旭东的管理宗旨是：以国际标准为依据，以企业实际为准则，实事求是、科学发展。对国际标准化管理体系不生搬硬套，不照本宣科，而是理论联系实际，逐步与国际接轨。形成了一套符合企业自身情况的、可持续发展的科学的管理体系。主要体现在以下三个方面：

（1）不断完善管理制度，规范企业每位员工。

俗话说"没有规矩不成方圆"，这些规矩不是闭门造车杜撰出来的，而是依据公司的实际情况、依据相关的法律法规，不断总结、不断修改、不断完善积累起来的。2005 年前我公司的管理制度只有 65 条，经过不断的持续改进，现在公司的综合管理制度共有 22 章，186 条。在安全生产管理制度中又依据中华人民共和国安全生产法和北京市安全生产管理条例，设置了 19 个小节。对每一项制度都作了详细的规定。今年我单位共识别出危害因素 36 项，重要危害因素 6 项，对这些危害因素都制定了控制措施；隐患排查制度中还规定，每季度最后一个月的 25 日至 30 日为安全生产隐患排查期，各管理人员对管辖范围内的各个部位进行隐患排查，并填写《隐患排查登记表》，每月 30 日前上报区安全生产监督管理局。这些制度是经过职工代表讨论、经过工会委员会研究而确定的。它像国家的法规一样，在规范着企业的每一位员工。

（2）诚信服务，不断提高服务质量。

质量是企业的生命，也是无言的承诺。旅游企业的产品就是为游客提供服务。在如何为游客提供优质服务上，我们主要做了两件事情。一是加强员工培训，二是规范服务标准。

（3）关注安全生产，减少或避免安全事故。

安全是游客的第一期望和要求，只有把安全工作搞好，才能充分体现以顾客为关注焦点这一服务理念，才能促进企业发展。张旭东要求各管理人员，继续按照旅游主管部门及当地政府的要求落实全面工作，进一步加强旅游事业的安全管理，坚持以人为本，构建和谐景区。张旭东带领公司全体员工做出以下承诺：第一，自觉维护景区秩序，为游客创造和谐、优美、舒适的旅游环境。第二，确保游客的生命安全和财产安全，娱乐设施设备的完好率达到百分之百。第三，以优质的服务迎接所有国内外游客。倡导"迎来一名游客献上一片爱心，送走一位朋友留下一片亲情"的服务理念，让游客感到温暖，让国内外朋友感到满意。

# 用绿色助力北京环保事业

## ——记康莱德国际环保植被（北京）有限公司董事长王恩来

## 企业家档案

王恩来，男，出生于 1963 年，中国共产党党员，毕业于中央党校企业管理系，本科学历，工程师，康莱德国际环保植被（北京）有限公司董事长，北京润福通石油化工有限公司总裁，北京莱恩堡葡萄酒业有限公司庄主。

2008 年 10 月王恩来创建康莱德国际环保植被（北京）有限公司，秉承发展企业，成就员工，创造财富，服务社会，美化环境的发展理念，以生态修复为己任。通过几年的不懈努力，已将公司发展成为拥有 7 条 MST 大型环保草毯生产流水线，年生产能力 1 亿平方米以上，集环保草毯新品研发、新技术推广服务、产品生产设计、绿化景观设计、绿化工程施工，市场推广和运营维护为一体的具备国家园林绿化一级资质的大型绿色环保企业。

王恩来董事长在促进企业发展中重点开展了以下工作：

（1）高度重视知识产权工作，树立品牌形象。公司在发展中通过了实施生态修复的耐冲刷草毯、河渠护岸草毯、屋顶绿化专用草毯、荒漠化治理草毯和草毯隔断护坡技术等 35 项新产品新技术及发明和实用新型专利。KLD 康莱德草毯被北京市工商局评为"著名商标"。环保草毯系列产品获得北京市和中关村国家自主创新示范区"新技术新产品（服务）"认证、交通部"交通产品"认证；被国家机关事务管理局公共机构节能管理司中国质量认证中心编入"公共机构节能节水技术产品参考目录"，被北京市住建委评为"北京市绿色建筑适用技术"，被北京市发改委评为"北京地区大气污染防治技术和产品"，被北京市科委编入"京津冀大气污染防治技术产品推荐目录"；KLD 康莱德草毯生产项目入选国家火炬计划。

（2）高度重视科学研究工作，提高科技创新能力。企业与北京林业大学等科研院校合作成立了技术研发中心和产品实验示范基地，将小麦、水稻秸秆等农业副产物转化为保护生态环境的工业化生产的工程技术产品，开辟了农作物秸秆利用原料化的新途径。企业荣获国家"高新技术企业"、中关村国家自主创新示范区"高新技术企业"、"北京市农业产业化重点龙头企业"等荣誉称号；被北京市科委命名为"环保草毯研发及产业化国际科技合作基地""生态修复科普教育基地"。被国家农业部批准为"全国农业副产物利用试点企业"。

（3）发展壮大企业，带动地区经济社会发展。王恩来同志创建的企业，从产品原料的收购、运输、生产、施工等各个环节，解决了近一千人的就业问题，每年增加农民的工资性收入近五千万元。企业的年销售收入达到一亿元以上。同时带动和促进了本地区都市型现代农业和旅游业发展，每年接待来自全国各地环保和生态修复专家和业内人士近万人，在传播环保理念的同时也扩大了地区的知名度和影响力。

（4）大力实施生态修复工程，创造良好的社会和生态效益。在王恩来的领导决策和带领下，作为一种新兴的环保绿化产品已经在全国各地的公路铁路边坡绿化、河渠生态护岸、废弃矿山修复、荒漠化治理、垃圾填埋场封场、屋顶绿化等领域得到了广泛的应用。公司还参与了南水北调水利建设工程、广西南宁邕宁水利枢纽建设工程、张唐铁路建设工程、内蒙古伊敏河治理工程、乌海河道治理工程等近一百项国家级和省部级重点建设工程和北京地区多项生态环境建设工程，其中使用康莱德草毯施工的北京市海淀区郦城小区屋顶绿化项目被北京市园林绿化局评为"北京市屋顶绿化优质工程"，山西平朔煤矿废弃矿山修复项目获得"中国最美矿山修复金奖"，被行业专家赞叹为"最具生命力的绿毯"。

# 心怀感恩　回报社会
## ——记北京天正中广投资控股集团有限公司董事长王金生

## 企业家档案

王金生，男，60 岁，无党派人士，毕业于北京交通大学 EMBA 硕士研究生，现任北京天正中广投资控股集团有限公司董事长（以下简称北京天正中广集团），全国工商联执行委员、甘肃省政协委员、北京甘肃企业商会会长、甘肃省中国传统文化研究会理事长。

王金生先生是北京天正中广集团创始人。北京天正中广集团自 1993 年成立之日起，就以产业报国为己任，积极投身与国计民生密切相关的房地产建设，创建"中广·宜景湾"高端社区品牌，先后在兰州、北京、青岛等地建设多个宜居、绿色、高品质社区，并提供优质的社区物业管理服务，为提升人民生活水平做出了积极的贡献。集团在北京开发的"中广·宜景湾"项目荣获"影响中国十大国际化高尚社区""京城标杆楼盘""2007 十大领袖公寓"等多项荣誉。目前，集团在青岛开发的"中广·宜景湾"项目，总建筑面积为 15 万平方米；在兰州开发的"中广·宜景湾"项目，总建筑面积为 60 多万平方米，目前正在火热销售。

北京天正中广投资控股集团创建于 1993 年，经过二十多年的潜心发展，现已成为一家以不动产投资和开发销售、资产管理、投资管理、能源产业、文化传播为主营业务的集团化企业，旗下设：北京天正中广置业有限公司、北京天正中广投资管理有限公司、博文德资产管理有限公司、青岛新业房地产开发有限公司等，业务已拓展至北京、甘肃、山东、海南、新疆等十余个省市自治区，控股企业总数达 20 余家。

北京天正中广集团多年来坚持"塑一流人才，创一流管理，争一流效益，建一流企业"的经营模式，在专注于民用、商业地产开发的同时，积极采取收购、兼并、合作等方式，进入具有良好发展前景的产业市场，努力实现企业快速稳步扩张。随着新项目的陆续启动，将为集团公司实现整体业务的滚动持续发展提供更加有力的支持。

北京天正中广集团倡导"讲正气，讲贡献"的事业进取氛围，融合传统文化与现代企业管理理念，将员工个人发展与企业理想有机结合，不断健全内部制度和管理流程，完善法人治理结构，塑造和谐共赢、共同发展的美好愿景；注重引进和培养高素质的人才队伍，着力打造核心竞争力，充分利用区域资源优势，为员工创建广阔的事业发展平台。

在王金生董事长的带领下，北京天正中广集团始终把"成就事业，回报社会"作为企业的崇高使命和至高理想，以高度的社会责任感回馈社会，积极参与各项社会公益事业，2008 年被全国工商联授予"抗震救灾先进集体"荣誉称号。北京天正中广集团积极参与募捐善款和慈善公益基金活动，用于救灾、救助等慈善公益方面捐款捐物达 1000 多万元。支持北京残疾人艺术团公益演出，资助甘肃百名乡村教师培训，为甘肃天祝藏族自治县敬老院购置了过冬衣物。尤其值得称赞的是，集团积极关注支持慈善公益事业，联合空军总医院在救助先天性心脏病儿童方面做出了贡献，累计救助儿童一百余名。为患病儿童及其家庭带来了新的希望，得到了广泛的社会好评。

# 创新奉献　共赢共享

## ——记北京市飞翔建筑艺术雕刻有限责任公司总经理陈铁标

## 企业家档案

陈铁标，男，57 岁，毕业于上海工艺美术职业学院，大专学历，1959 年 12 月 22 日出生于河北省保定，1998 年将公司迁至北京，汉族，资深环境艺术师、工艺美术师，现任北京市飞翔建筑艺术雕刻有限责任公司总经理。

### 科学管理，突破创新

陈铁标先生高度重视"科学管理、突破创新"的管理理念。认真学习实践科学发展观，推动企业管理创新，注重企业队伍建设，培育和造就一个主导管理创新前沿和领导市场竞争潮流的"管理层"。在企业深化改革、自主创新、实施品牌战略、循环经济、节能降耗减排等工作中取得优异成绩。以"科学"和"发展"为两个突破口，引进人才和技术，制定一系列科学的阶段性任务目标，以实现"中国梦，企业梦"。

### 技术创新，助推成长

陈铁标先生重视产品研发和技术创新，提升企业综合创新及生产能力，强化技术创新在推动企业发展中的引航作用。同时为响应落实北京市政府提出的"3458"行动计划，投入几千万元重点研发了扶贫暖居的《飞翔科技新型低能耗装配式建筑围护体系》图集奠定了公司在该行业领域的技术领军地位。在建造方式上采取"钢结构骨架组装 + 两侧安装面板（HC - RSW 墙板）+ 新型水泥基复合保温材料"的组合装配式构造系统。具体如下：

（1）其房屋"扶贫暖居"具有整体结构性好，构建速度快，用工用料省，总体造价低，综合效益高等优势；在生产方式上能够实现本地化、工厂化、标准化生产，现场装配式施工安装。

（2）基于《飞翔科技新型低能耗装配式建筑围护体系》研发的 HC -

RSW 系列墙板和新型水泥基复合保温建筑材料经过权威部门鉴定，在环保、抗震、保温、防火等性能方面已经达到国家先进水平。公司研发的 HC – RSW 新型装饰艺术墙板，可应用于石材雕塑及房屋建筑、市政工程及河道工程等领域。HC – RSW 新型材料由特种水泥添加多种复合材料混合矿山废渣、废料及秸秆纤维配色，采用机械喷浆技术在工厂内制作成型；替代了自然资源木材、石材、黏土砖、瓷砖等传统建筑材料，可大量减少开山、毁林及黏土资源的消耗；不释放甲醛、苯等污染物，降低建筑能耗，节约资源、低碳健康。

### 兴企为民，回报社会

公司发展战略明确，发展后劲强。在陈铁标先生的指导下，公司积极为国纳税、安置就业人员的同时，大力投入资源节约、环境保护研发资金，以各种形式回馈社会、造福人民。勇于响应落实北京市政府提出的"3458"行动计划。

所在公司成为"中央美院雕塑制作基地""清华大学美术学院雕塑制作基地""中国雕塑企业理事单位、全国城市雕塑制作基地"。

2013 年，公司被评为"全国环境艺术优秀企业"；2013 年公司被评为"中国博物馆协会文创产品专业委员会副主任委员单位"；2014 年公司被评为"高新技术企业"；2014 年公司当选为"中国建设文化艺术协会环境艺术专业委员会常务理事单位"；2014 年公司获得"绿色环保节能节水建材产品推荐证书"；2014 年陈铁标总经理当选为"中国建设文化艺术协会环境艺术专业委员会常务理事"；2014 年陈铁标总经理被聘请为北京城市科学研究会第六届、北京城市规划学会第四届"公共环境艺术与城市雕塑专业委员会"委员；2015 年陈铁标总经理被中国建设文化艺术协会评为"资深环境艺术师"。

# 正直公正 爱岗敬业 廉洁奉献
# 勇于担当 开拓进取
## ——记中国联合网网络通信有限公司北京市
## 昌平区分公司总经理林立伟

## 企业家档案

林立伟，男，48 岁，中国人民大学专科毕业，中国共产党党员，现任中国联合网网络通信有限公司北京市昌平区分公司（以下简称联通昌平分公司）总经理、党委书记。曾任中国联通北京分公司综合业务拓展部经理、北京联通社会渠道中心总经理、党总支书记等职务。

林立伟同志始终以共产党员的标准严格要求自己，工作和生活中正直公正，爱岗敬业，廉洁奉献，勇于担当，开拓进取，关爱员工，受到上级领导赏识及下属员工尊敬，在社会上有良好的形象。

自 2013 年 6 月上任以来，林立伟同志带领联通昌平分公司深化变革，聚焦创新，务实发展，经营发展取得了较好成绩，为昌平信息化进程做出了重要贡献。

在经营发展方面，林立伟同志带领联通昌平分公司实现业绩突破增长。2013～2015 年，联通昌平分公司实现年均营业收入 8.05 亿元，贡献税收从 1130.61 万元增长到 1966.93 万元。年均新发展移动用户 58.11 万户，非计时宽带 15 年较 13 年增长 2.66 万户，高校营销连创佳绩，政府组网、物联网、云计算、IPTV 等创新型业务稳步发展，协同助力"万众创业""互联网＋"。13 年各项业绩列分公司第一，14 年被评为北京联通先进生产单位。

在管理创新方面，林立伟同志致力于提升运营效率和效益，一是企业管理方面创新机制体制，实现专业化运营；二是重视创新业务发展，实现企业转型升级；三是创新营销合作模式，扶持大学生创业；四是重视技术创新，成功实现网络瘦身、升级。

在网络服务方面，林立伟同志深知作为百年企业和主导运营商所肩负的企业责任，带领全体干部员工始终以高度政治责任感确保通信畅通，同时也积极提升服务质量。一是积极开展网络瘦身光纤改造，大力开展3G、4G建设，率先实现昌平地区全光网络；二是提升营业厅服务质量，建设自有厅及合作厅方便用户办理业务；三是重视用户反馈，每周召开服务管控会提升服务质量。

在企业文化建设方面，林立伟同志以身作则，积极开展党风廉政建设，要求分公司严格践行中央八项规定精神及集团、公司关于反四风相关规定，建立起规范、文明的企业管理体系，树立积极向上、风清气正的企业氛围。

在助力地方、践行社会责任方面，林立伟致力于为实现昌平地区企业和居民便捷的信息化生活而添砖加瓦、尽心竭力。积极配合公司要求开展京津冀一体化取消长途和漫游通话费相关工作；配合政府完成了重要通信保障、老旧小区改造、环境整治等事项，并开展"心系客户，爱在联通"便民服务及衣物捐赠、设立考生家长服务区等公益活动。

林立伟同志将继续秉承集团和北京公司经营战略，带领联通昌平分公司全体员工务实经营，追求卓越，为实现企业规模发展，为给昌平地区企业和居民提供优质通信服务努力奋斗。

# 企业有序发展　职工队伍稳定
## ——记北京市昌平医药药材有限公司党总支书记、董事长、总经理刘会安

## 企业家档案

刘会安，男，汉族，北京市昌平区人，1954 年 10 月出生，现年 62 岁，中国共产党党员，大专学历，毕业于中共北京市委员会党校企业管理专业，经济师。现任北京市昌平医药药材有限公司党总支书记、董事长、总经理，兼任北京市昌平区工商业联合会副主席、昌平区商业联合会监事长、北京市药品监督管理局昌平分局药品协会副主席。

　　刘会安同志作为企业的一把手始终坚持"依法经营、规范管理、质量第一、健康人民"的经营理念。公司设置了独立的质量管理机构，在药品的采购、验收、保管、养护、销售各环节实施质量监督工作，坚持质量一票否决权，严把质量关，保证了药品质量。现公司经营中药材、中药饮片、中成药、抗生素、医疗器械、保健食品等 3800 余品种，是昌平区域内人们耳熟能详的药品经营企业。

　　刘会安同志任职以来，密切关注市场动态，及时调整经营方向，在药品销售市场不景气的情况下，实现了销售收入稳定增长。公司自 2006 年起承担了全区所有医院、社区基本医疗药品的配送工作，药品销售、配送网络覆盖全区 18 个镇、街，305 个自然村。成立了北京昌药医药连锁经营有限公司，将下属药店纳入连锁体系，对于零售药店的经营与发展，方便百姓购药、延伸全区的配送网络，抢占药品零售市场具有战略意义。

　　2008 年起，刘会安同志提议加大人才培养奖励力度，鼓励药学学历学习，增加执业药师津贴。目前有注册执业药师 27 人，占员工总数的 15％，一半以上的员工持有药学大专以上学历或药学技术职称，企业经济持续发展，

职工队伍稳定。

2010年，下属饮片公司响应政府号召，厂区由沙河地区迁至南口地区，两地相距20余公里，不少职工上班路程大幅增加，情绪较大。刘会安同志了解这一情况以后，明确要求合理安排人力资源，解决职工生活需求。公司通过加发班车，增设食堂，安排职工宿舍，了解职工需求，合理调整工作岗位、工作地点等，解决了职工因厂区搬迁而产生的生活困难，工厂在未裁减一人的情况下顺利搬迁。

随着医疗改革的不断深化，对药品生产、经营企业提出了更高的要求。刘会安同志未雨绸缪，2012年指导开发了适合我公司实际经营情况的供应链管理系统，实现了商品电子标签管理。

2015年，公司承担了"反法西斯战争胜利70周年"阅兵期间药品后勤保障供应的政治任务。刘会安同志多次强调，要把这项工作作为一项政治任务来抓，注意保密，不能只顾经济利益，要保障战士们的身体健康。去年6月~8月，他坚持每天询问药品保障工作情况，要求职工24小时随时待命随时送货，保障给战士们送去紧急必需的药品。阅兵训练正值夏季，天气炎热，而战士们来自祖国各地，用药习惯千差万别，尤其是来自南方的战士，由于训练量大，不适应北方气候，需要药品种类杂，数量少，有的甚至只有一两支，职工出现畏难情绪。刘会安同志指示，不能因业务量小，赚钱少，工作量大而推脱，要千方百计想办法，保证战士们的药品供给。由于调度合理，我公司圆满完成了这项政治工作。

刘会安同志坚持为企业办实事，企业有序发展，职工队伍稳定。

# 创新引领市场

## ——记北京万泰生物药业股份有限公司法人兼总经理邱子欣

## 企业家档案

邱子欣，男，53 岁，毕业于厦门大学，本科学历，北京万泰生物药业股份有限公司法人兼总经理。

北京万泰生物药业股份有限公司总经理邱子欣，从事诊断试剂和疫苗的新产品研发、质控、项目管理及生产管理等各项工作二十余年，是中国体外诊断试剂产业的开拓者。1997 年起任北京万泰生物药业股份有限公司总经理至今，在较短时间内将只有单一产品的万泰公司发展成国内同行中品种齐全、质量名列前茅的知名公司。万泰公司现已成为中国最大的免疫诊断试剂企业、亚太地区最大的艾滋诊断试剂生产基地、中国最大的免疫诊断试剂以及国家生物高新技术产业化示范工程基地。2012 年，由他带领的团队成功上市了中国第一个结核病 T 细胞检测试剂、中国第一个丙肝抗体确证试剂。特别是科技部于 2012 年 1 月 11 日专门召开了新闻发布会，宣布由北京万泰生物药业股份有限公司、厦门大学联合研制的"重组戊型肝炎疫苗"获得国家一类新药证书和生产文号，并因此获得科技部"十一五"国家科技计划执行优秀团队奖，戊型肝炎疫苗 2012 年 10 月成功上市，成为世界上第一个用于预防戊型肝炎的疫苗，该成果是我国疫苗领域原始创新的一个里程碑，也是我国科学家为全球肝炎预防控制所做出的巨大贡献。此外，2013 年北京市工商局认定万泰公司的"艾知 AID"商标为 2012 年度北京市著名商标之一，这标志着万泰公司的艾滋系列诊断试剂产品以其稳定的品质和优良的质量信誉获得了社会的广泛认同。近三年公司营业收入平均增长率达到 30%，创新新产品不断涌现，在日趋激烈的市场竞争中处于领先地位。尤其是 2014 年"艾滋病诊断试剂评价标准以及试剂研制关键技术的创新及推广应用"项目获得了 2013 年度北京市科学技术一等奖，他也因此获得了个人科学技术一等奖。

在多年从事诊断试剂企业的生产经营管理过程中，邱子欣以先进的管理理念和卓越才能带领公司高速发展，技术团队坚持新产品开发和技术持续改进，及时推出顺应市场需求的产品，使公司在日趋激烈的市场竞争中处于领先地位。他先后主持或参加多个国家及省部级科研课题，其中艾滋病病毒第三代抗体诊断试剂成功获得欧盟认证，同时荣获国家科技进步二等奖 1 项，教育部科技进步一等奖 1 项，北京市科学技术奖 1 项，先后被评为北京市经济技术创新标兵、2008 年中国检验医学年度十大优秀企业家等，目前还在担任北京市昌平区政协委员、北京民营科技实业家协会副会长、北京生物医药行业协会理事等社会职务。

# 热泵行业创新驱动者

## ——记依科瑞德（北京）能源科技有限公司董事长兼总经理苏存堂

## 企业家档案

苏存堂，男，1968 年 1 月 17 日出生。毕业于北京金融学院，本科学历。现任依科瑞德（北京）能源科技有限公司董事长兼总经理。

### 新能源事业奠基人

苏存堂同志现为中国建筑节能减排产业联盟专家委员会专家、全国地源热泵委员会副主任委员、地源热泵系统工程技术规范参编者、中国地源热泵行业技术推动人物、2010 年中国优秀创新企业家。他于 2005 年 6 月苏存堂同志在中关村科技园区昌平园区，出资创办"依科瑞德（北京）能源科技有限公司"。历经近 10 年的潜心钻研与参与施工实践，对地源热泵系统集成、太阳能应用技术等领域有了较深的认识与创新思路，为了本领域内的技术得到更好的应用，为国家及社会在节能环保领域做出更大的贡献，在系统集成的施工质量保障与技术革新，还是在新型能源实用技术的研发与应用方面均全力以赴，不仅实现了本企业以质量求生存、以技术谋发展的前期目标，还不断通过国内，外行业交流与互访，将公司主营项目的技术水平推向前进。成功实现了企业从创建初期到规模发展的经营战略转型，在国内外地源热泵行业树立了良好的企业形象。

### 新能源市场领跑者

苏存堂同志具有敏锐的市场洞察力和前瞻性，善于对市场的发展进行分析，并确定明确的市场方向。几年来企业始终处于不断成长阶段，带领企业在市场中生存与发展，逐步实现了科技成果向生产力的转化，使企业的经济增长取得了突出的成绩。十年来，苏存堂同志带领的依科瑞德地源热泵公司已经完成了数十个地源热泵工程项目，累计为近500万平方米公共建筑和小区住宅（或别墅）建筑供暖制冷，运用地源热泵节能低碳技术，为建筑提供新型暖通空调系统，年替代常规能源近4万吨标准煤，减排二氧化碳10万吨，并成就了一系列精品工程及国家可再生能源建筑应用示范工程，为北京市"十一五"节能减排目标的完成作出了企业应有贡献。

## 产、学、研科技集成者

苏存堂同志参加了"地源热泵行业的国家规范"编制及"建设部十一五地源热泵科技支撑计划"的课题研究工作，并取得了研究成果。他利用丰富的专业基础知识和自主创新精神，为地源热泵技术的发展做了大量的工作，并发表了多篇论文和参与了全国地源热泵图集的编制工作。作为全国地源热泵行业的专家，他多次参与了国内外技术交流和高层论坛，对我国地源热泵技术的推广、发展和应用提出了许多具有指导性的观点和建议，特别是在地源热泵系统的规范化、适宜性及后期管理上，具有较为权威的论述，获得行业的各级领导、学者及专家的认同。

# 敢为人先，慧眼独具掌航向
# 踏实做事，拳拳之心系民生
## ——记北京北陆药业股份有限公司董事长王代雪

## 企业家档案

王代雪，男，61 岁，中国农工民主党党员，现任北京北陆药业股份有限公司董事长、农工民主党中央生物医药委员会委员、北京医药行业协会副会长。

王代雪先生于 1992 年投资创建北陆药业公司，2009 年公司在深圳创业板首批上市。

他带领的北陆药业公司是国内首家研制并推出对比剂产品的公司，填补了国内空白。经过 20 多年的发展，公司在此领域形成了独有的核心竞争优势，成为国内品种最多、规格最全的对比剂龙头企业，主导产品的市场占有率稳居首位，产品出口多个国家。截至 2015 年底，公司总资产逾十亿元，市值逾百亿元，近三年纳税逾 2 亿元。

### 敏锐的战略眼光

他出身普通工人，但极具敏锐的市场洞察力和超前的战略眼光。20 多年前他从国企辞职赚取了"第一桶金"，但并未用其改善生活，而是全部投入到新药项目——国内首个获批上市的磁共振对比剂——钆喷酸葡胺注射液。产品一上市便以质优价廉的特点打破外企垄断，至今已安全应用逾千万例，是公认的对比剂市场第一品牌，年销售额过亿元。

近年他又敏锐洞察到精准医疗的广阔前景，在国内率先战略布局精准医疗领域，参股基因测序公司、控股细胞免疫治疗公司，努力打造包括基因检测、细胞免疫治疗、药物靶向治疗在内的肿瘤精准医疗产业平台。目前已在密云建成精准医疗研究中心，即将打造成国内一流水平的生物医药科技创新基地。

为贯彻落实国家京津冀一体化发展战略，北陆公司投资 3 亿元在河北省沧州市渤海新区建设中药提取及原料药生产基地，实现北京、沧州两地产业链的布局。2015年12月12日，北京市委书记郭金龙和市长王安顺一行三十人到北陆密云厂区调研。郭书记在调研时充分肯定了北陆药业的发展方向，并评价北陆药业在主动融入京津冀协同发展、打造创新共同体上发挥了表率作用。

### 坚持自主创新

他坚持自主创新，组建了一支年轻、高素质的研发团队，承担了多项国家和地方的科研项目，技术成果曾获北京市科学技术奖、国家发明专利、国家重点新产品。2011年公司经北京市发改委批复建成生物医学影像用药北京市工程实验室，成为首都乃至全国首家医学影像和分子影像诊断药物研发的核心基地。

公司积极开拓药品领域，九味镇心颗粒是国内唯一抗焦虑中药制剂，已获两项国家发明专利，为国家中药保护品种。

### 以人为本，诚信经营

他坚持"以人为本"，倡导人性化的管理模式，注重与员工的沟通交流，重视人才培养与储备，具有很强的团队凝聚力和创造力，荣获"2011中国证券金紫荆奖——最佳管理团队奖"。他始终坚持诚信经营、依法纳税，公司连续12年被评为守信企业，2004年至今被北京市地税局评为纳税信用A级企业。

### 热心公益，回报社会

他注重个人与社会价值的统一。虽知晓药品上市艰难，要冒很大风险，但若能成功可帮助老百姓省下大笔看病钱，"用一次能从1000多块降到300多块"，他毅然决定把全部身家投入到新药项目，"即便冒些风险，也是值得的"。

他带领公司自觉履行社会责任，积极推进环保、节能、清洁生产等建设项目。积极组织救灾捐赠活动，并连续8年捐助北京希望马拉松抗癌募捐义跑活动。由于成绩突出公司荣获2011年度"商界彩虹心"奖。

他积极投身公益事业，个人长期为张家口市怀安县中学捐款并设立助学金，荣获张家口市人民政府"2013－2014年度捐资助教先进个人"称号。

# 企业掌舵人

## ——记中国工商银行原北京昌平支行行长王智先，现北京丰台支行党委书记、行长

## 企业家档案

王智先，男，53 岁，中国共产党党员，中国农业大学，硕士研究生。

王智先行长自 1983 年 12 月参加工作以来长期从事银行经营管理岗位工作，分别担任北京分行部室、经营管理支行主要负责人等职务，于 2013 年被任命为中国工商股份有限公司北京昌平支行行长、党委书记，并于同年被提名为昌平区第四届政协委员。该同志具有丰富的金融理论知识和实践经验，具备信贷管理高级审批人资格。2016 年 8 月至今，任工行北京丰台支行党委书记、行长。

在总分行战略方针的指引下，王智先行长坚持以人为本的管理思路，带领支行向着理念创新、管理先进、产品智能、员工快乐、客户首选的发展目标砥砺前行。稳步推进经营转型，积极实践改革创新，走出了一条与地区经济特色和客户金融需求高度契合的经营发展新道路。在工行北京分行系统内综合排名提级进档，创利能力逐年提高。2013～2015 年三年昌平支行年均经营利润和存款增长率分别达到 20% 和 25%，2015 年各项存款余额达到 340.13 亿元，各项贷款余额达到 79.46 亿元，各项经营指标在全区同业排名前列。积极响应党和政府的号召，抽调精兵强将，配齐基础设施，顺利为抗日战争胜利 70 周年阅兵训练提供配套金融服务。

支行认真落实监管机构的各项要求和市、区两级政府导向，在助力实体经济发展，推动重点工程建设，扶持小微企业成长，支持大众创业、万众创新等方面取得了显著成绩。2015 年工行昌平支行被工行北京分行分别授予"小企业金融服务中心专营支行"和"公司金融十佳支行"。三年来，累计投

放小微企业贷款 30 多亿元，存量客户已突出 78 户。

支行坚持改革创新主基调，适应互联网发展新趋势，结合"融 e 购""融 e 联""融 e 行"三大平台，全力开拓支付、融资和投资领域，打造 e‑icbc 金融服务新时代，为企业及个人客户提供互联网金融新产品、新服务。积极适应制造技术研发高端化、产品应用绿色环保新能源化的发展趋势，在保障企业转型升级资金便利的基础上，引入债权支持融资、理财资金证券化管理，并购贷款、委托贷款、投融资顾问等多种新型融资方式，落实"大资管"战略部署。全力支持先进制造业企业经营产品的国际化需求，坚持产品创新与昌平区企业走出去的步伐相契合，推出即期、远期结售汇以及配套提供的多种跨境人民币结算服务。

王智先行长重视员工人文关怀，丰富企业文化内涵。建立并完善培训教育机制，提升青年员工从业能力，拓宽成长渠道；推进中年员工振兴计划，完善转岗机制、激活员工活力；加强对离退休员工的关心关爱，实现"老有所为、老有所乐"，在全行范围内，构建公平阳光、活力和谐的企业文化氛围。

# 节能精神的守望者

## ——记中节能六合天融环保科技有限公司副总经理赵文峰

## 企业家档案

赵文峰，男，生于 1969 年 7 月 8 日，中国共产党党员，毕业于北京大学光华管理学院，EMBA，现任中节能六合天融环保科技有限公司副总经理。

自 2004 年 1 月至今，担任中节能六合天融环保科技有限公司副总经理，带领销售团队成功运作了几十项污染源在线监测的大型项目，为公司培养了一批业务精、能力强、忠诚度高的骨干销售人员，奠定了天融环保业内市场份额领先的地位，树立了天融环保良好的品牌形象，赢得了用户口碑。

获得航天科技集团科技进步二等奖两项、三等奖一项，获得航天科技集团优秀共产党员一次。2013 年牵头的"烧结机烟气湿式镁法脱硫及副产物资源化技术"，获得了环保部科学技术二等奖。

赵文峰同志模范地执行和遵守党和国家的有关方针、政策、法律、法规，生产工作当中，满腔热情，虚心好学，肯于吃苦，立足本职，爱岗敬业；大胆创新，敢为人先，高效经营，带领公司全体人员积极进取，开拓创新，确保公司向着"人本、创新、和谐、报国"的高新技术企业迈进。

在产品和服务、技术研发、市场推广等领域开创、应用章鱼模式，整合资源，增强企业竞争力；由基层员工自发形成各种补充公司管理的功能型虚拟团队，为有志员工提供成才的发展平台；启动北斗人才计划，创造了企业的黄埔军校，特色的新兵训练营、铁军训练营、诸多配套的专项培训、职业生涯设计规划（自创的 MP2 人才矩阵）、绩效评估体系（自创的 α 人才活力评估曲线）、薪酬设计（自创的 A + B + C + D 薪酬模式）等。

2015 年，赵文峰同志带领六合天融公司不断建立健全企业内部管理控制制度。加强存货与应收管理，关键环节跟踪机制与相应的考核制度。推行"六点优先"工作法的基础上实行"1＋4"改进计划。对岗位职能及现有人员进行梳理，合并部分岗位，对人员结构进行优化。年底大幅度调整管理结构，增加促进业务发展的"发动机"中心，加强再创业引擎动力。

# 创业先锋
## ——记北京宝贵石艺科技有限公司总经理张宝贵

## 企业家档案

　　张宝贵，亚洲经济协会公共艺术委员会会长，全国雕塑企业工作委员会主任，北京工艺美术大师，北京工艺美术行业协会副会长。1995 年在中央美院举办个展，1996 年在中国美术馆举办个展，有的作品被中国美术馆、北京国际雕塑公园和世界银行收藏。先后为北京钓鱼台国宾馆、中国历史博物馆、首都机场 T3 航站楼、国家大剧院、北京奥运会、上海世博会等创作或完成雕塑作品。2004 年，研究发明了"装饰混凝土轻型墙板"，先后在张锦秋设计的"大明宫"，刘克成设计的"大唐西市博物馆"，崔愷设计的"北京谷泉会议中心"，何镜堂设计的"玉树博物馆"等设计中应用，这种"量身定做"的新型墙板得到建筑师的好评，先后应邀在清华大学、华南理工大学、北京建筑设计院、中国建筑设计院、中建西北建筑院等进行讲座，与众不同的工艺方式和变废料为原料的故事引起关注。

　　个人的雕塑作品《对话》《喜怒哀乐》被中国美术馆收藏，雕塑《爵》《四方神》被世界银行收藏，雕塑《对话》作为中国美术馆精品登载在《二十世纪中国美术》，雕塑《龙生九子》获中国工艺美术学会颁发的金奖，1999 年造石艺术的研究项目获"世界华人重大科学技术成果奖"。

　　开拓与创新让我尝到了甜头，勇气更大了，思辨的视野更宽了，人变得更富有想象力，挖掘了一种渴望创造的本能，我越来越认识到科技创新是一种意识，是一种能力。科技创新需要多种技术条件的支持，也需要系统的设计。

　　二十多年，企业走出了一条将文化创意与循环经济紧密相连的创业主之路，取得了一定的成就，同时也为社会做出了一些贡献。然而所有这些都应归功于行业领导和专家的关怀和支持，归功于设计大师的信赖和鼓励，归功于和我日夜共同奋斗的团队和农民兄弟姐妹们。

# 推进企业"四个创新"，探索智慧停车新领域
## ——记北京澳思那交通安全设施有限公司总经理于化龙

## 企业家档案

于化龙，男，43岁，无党派人士。毕业于澳大利亚昆士兰大学，本科学历。现任北京澳思那交通安全设施有限公司总经理，北京市工商联执委、北京市静态交通业商会会长、北京市海淀区停车服务行业协会会长、海淀区新阶层联谊会副会长。

### 技术创新、国际化运营的战略决策

在公司经营发展过程中，于化龙总经理一直站在全国停车行业发展的高度思考未来业务。公司从过去单一的交通设施生产安装业务现已发展成为集公路交通工程总承包、停车场综合服务管理及施工、智能停车设施生产及安装等多项业务于一身的多元化公司。期间公司自主研发智能停车设施和市政交通设施，并于2013年申请一项自主知识产权。

2015年，李克强总理提出了"大众创业、万众创新"的口号后，公司决定战略转型，于化龙总经理一直思考利用当下移动互联网技术解决北京市的停车难问题，并将公司的业务发展到新的高度。公司先后引进近10余名技术和市场人员开展市场调研和技术研发工作，产品现已初步完成。未来公司将通过产品的运营走出国门迈向世界。

### 管理创新、加强团队自身建设，沉淀企业文化

我公司积极从传统的劳动密集型产业向科技集约型产业转型，公司现阶段采用的是项目制管理模式，团队搭建上采用老中青三代结合的方式弥补日常业务中的不足。

提供事业发展平台，让员工在自己的岗位上发挥特长，实现自我价值和事业的梦想。

公司为老员工提供生活住房、娱乐室和食堂，解决老员工及家属的生活

难题，并让同事之间成为一个大家庭，形成在工作和生活中互相帮助，团结互助的企业文化。

## 模式创新，配合落实京津冀协同发展战略

公司一直加速从劳动密集型产业向科技集约型企业转型，服从疏解北京非首都功能战略部署，落实京津冀协同发展战略，与津冀两地政府合作共建一批产业示范园起到引领示范作用。2016年，公司荣获"北京市工商联守法诚信承诺示范单位"称号。

## 服务创新，落实企业社会责任，回馈社会

在吸引就业上，公司荣获北京市工商联、北京市人力资源与社会保障局、北京市总工会共同授予的"2010～2011年度北京市就业与社会保障先进民营企业"；在2006～2009年度北京市残疾人就业保障金审核征缴工作中被评为诚信单位。

于化龙总经理在任期间，积极响应北京市政府"3458"行动计划，企业未发生重大环境污染，质量、安全事故和失信、劳资冲突事件。

# 立功　立德　立言

## ——记北京科鼎隆科技发展有限公司董事长刘俊林

## 企业家档案

刘俊林，男，46岁，毕业于北京清华大学，博士学历。现任北京科鼎隆科技发展有限公司董事长，清华大学MBA校友导师，北京青年商会执行会长。

刘俊林自1996年创建北京科鼎隆科技发展有限公司以来，锐意进取，勇于创新，顺应改革形势，不断完善企业制度，完善内部经营管理机制。他凭借过人的魄力和胆识，独特的经营管理手段，创新思维，带领企业克服困难，努力奋斗。始终坚持以质量求生存，以扩大规模求发展，他引领着一家资产只有几十万元的小团队发展成为"高新技术企业"、"北京市诚信创建企业"、"五四红旗团委"称号、"电源行业诚信及守信企业"的中国电源行业龙头企业。现如今也成为总资产1.6亿元，固定资产投资1312万元，注册资本5000万元的大型民营企业家。

创立初期，刚从四通集团出来的刘俊林只带着几个人在中关村开始打天下，着手做电源产品的销售。在2005年时就搬出了中关村，然后专注于更专业的行业用户领域。逃离市场竞争的迷乱之地，更有利于日后的转型和发展。转眼至今已经成为近百人的公司，年营业额近3亿元。能够二十年坚持在做电源行业的企业为数不多，科鼎隆的成功绝对不是偶然，在同行业竞争的过程中，拼坚持、拼方案、拼技术和拼服务成了科鼎隆自己的核心竞争力。

成功的道路上多是坎坷和艰辛，无数次失败并没有磨灭他树立民族品牌的决心。4年里的日日夜夜，他带领专业技术团队多次研讨反复论证，经历无数次挫败，在不断更新数据与技术指标的同时，最终成功下线并申请专利技术，填补了市场上0.8~20kW功率段发电机组的不足。业内人士不经意间发现"滨松"这个品牌，一夜间出现在各大展会及市场上，成为万众瞩目的焦点，吸引了行业内及终端客户前来咨询，当年销售数量约为2000台。目前产品销售遍布全国各省、市及直辖市，更远销海外市场遍布全球二十余个国家及地区。

　　作为北京青年商会执行会长、北京青年商会 32 专委会主任委员的刘俊林，一直遵循着北京青年商会的宗旨和章程，按照商会总体思路、工作原则和工作目标，积极开展商会各项工作，打破了专委会内按行业划分的传统格局，在横向联谊的同时加强纵向服务，并已形成金融投资、地产、传媒、服务等各产业联盟，积极践行"成长与责任"理念，努力从打造精神家园、搭建事业发展平台和承担社会责任三个方面团结和凝聚一批复合型、高层次、通晓国际规则的优秀青年管理人才，共同为"三个北京"和世界城市建设积极贡献力量，进一步激发广大青年企业家的责任意识和奉献精神，继续引导青年企业家投身公益服务参与社会建设。刘俊林曾带领 32 专委会，在 2013 年和 2014 年连续两年被评为年度优秀专委会，在众多专委会中起到了模范带头作用。32 专委会还发起了"青商面对面""青商长青管理学院"及"青商长走俱乐部"等优秀的活动，既促进了各专委会间的联动，同时吸纳更多优秀的青年才俊加入到商会平台，使商会活动形成纽带拉动作用。

# 开创国内 3.0 时代创新孵化生态模式先河
## ——记创业公社联合创始人、CEO 刘循序

## 企业家档案

刘循序，男，33 岁，中国共产党党员。清华大学五道口金融学院博士后，中国科学院理学博士，北京大学物理、数学、经济学学士学位。现任北京创业公社投资发展有限公司联合创始人、CEO，北京金融分析师协会副秘书长。

从几个人的团队到将近 200 人的职业团队，办公场地从 1700 平方米到 12 万平方米，场地运营面积扩大 70 倍，净资产扩大 80 倍，创业公社只用了三年的时间。

从摸着石头过河，到成体系的商业模式，创业公社联合创始人、CEO 刘循序带领团队，从招企业入驻，为企业提供注册服务开始做起，一点一滴积累创业服务经验。作为国内众创空间代表，创业公社成立以来收获多项荣誉和资质，运营多个公共服务平台，为创业者和企业提供全方位服务。

"这是一个快速迭代和反复锤炼的过程，每次随着创业者的需求，改变服务产品，进而真正理解创业者，就是创业服务的精髓。"这是刘循序时常挂在嘴边的话。

截至 2016 年 8 月，创业公社入孵企业超 1300 家，培育出的中关村雏鹰人才企业占全市总量的 5 成以上。其中，超过 200 家企业获得融资。培育了 97 家中关村雏鹰人才企业，7 家中关村金种子企业，8 家新三板企业，11 家新三板储备企业，141 家北京四板挂牌企业，5 家企业被上市公司并购。在创业公社的服务下，孵化企业同比其他普通类创业空间企业公司成活率提高 43%，获得融资比例提高 27%，办公空间出租率提高 45%。

随着创业服务业发展，孵化器也正经历着二次升级换代。刘循序早早地意识到，如何满足创业者不同阶段、不同层次的需求成为亟待解决的问题。

垂直、多元、丰富、系统、聚合链接、开放、投资增值、国际化成为孵化器发展历程中的关键词，孵化器3.0时代应运来临。创新型孵化器势必会引领这波潮流。

刘循序凭借灵敏的市场嗅觉和超前的战略思维，果断做出了"创新促转型"的决策：着力打造集创业办公空间、创业公寓、金融服务、创业培训和创业大数据为一体的创业生态圈。致力于为创业者提供一站式创业解决方案，直到把他们送入更高的发展轨道。在他看来，空间和基础服务只是孵化器最底层的配置，"房东＋物业"的模式不再能满足创业者们的深层次需求。创业公社必须勇抓机遇，我们想要做的不仅仅是一个创业孵化器，而是成为国内首家最具前瞻性企业级服务的创业生态运营商，提供更具有附加值的服务。

比如，长青商学院已逐步形成创业者及小微企业主的知识与资源共享圈，金融板块——创客金服涵盖了深度孵化、投行业务、天使投资几个主要业务。通过微股权等方式，公社可以与入孵企业形成更深厚的业务关系，共同发展；数据板平台——水滴数据已收集了千万量级的企业数据，为创新创业提供企业综合数据查询、企业征信评价、创新能力评价、投融资对接、投资和创业趋势分析等服务。

归根结底，创业公社所要解决的不是孵化企业的存活问题，而是企业的增长发展问题。

孵化器，已然成为时代热词，在创新创业的时代背景下，刘循序带领着创业公社走在快速发展的道路上，引领创业生态，开创了国内3.0创新孵化生态模式先河，同时也在尝试打造一种具有中国特色的创业服务的生态模式：通过"金融创新＋项目资源＋平台运营"构建区域创新生态圈，并期待区域创新生态模式运作成功后，将其复制推广至全国，形成全国性的创新生态环境。

创业公社由北京京西创业投资基金管理有限公司发起设立，股东包括首钢基金、中关村股权交易集团、顺为资本、西部优势资本、顺隆基金等。创业公社以"孵化＋投行＋投资＋创业互助社区"为运营模式，旗下拥有创业办公、创客金服、水滴数据、长青商学院、37℃公寓、创业公社书咖等子品牌。从2015年底到2016年春天，创业公社相继落子天津、青岛、哈尔滨，开始全国布局，整体运营面积已超过12万平方米。

# 不忘初心　砥砺前行

## ——记北京五洲环球装饰工程设计有限公司
## 董事长兼总裁谢国栋

## 企业家档案

　　谢国栋，男，汉族，1978 年 8 月出生，江西省上饶市人，毕业于赣南师范大学，现在读北京大学光华管理学院 EMBA 课程。现任北京五洲环球装饰工程设计有限公司董事长兼总裁、中国建筑装饰协会理事、中国青年企业家协会会员、北京市建筑装饰协会常务理事、北京市建筑装饰协会陈设艺术专业委员会会长、北京市青年企业家协会会员、北京上饶企业商会副会长、中国民主建国会北京市朝阳区委员会委员、共青团江西省驻北京市工作委员会组织部长、江西省青年企业家协会理事、共青团江西省委青联委员。

### 专注执着，逆境中创新求变

　　谢国栋同志一直走在创业、创新的前沿。创业的最初他成立了以室内装饰为主业的五洲环球装饰公司，并带领公司不断提升，经过多年的用心经营，公司已成为业内具有一定知名度的专业室内装饰公司，凝聚了一大批有活力、有能力的人才队伍。尽管近一两年来受到国家宏观经济形势影响，装饰行业也受到了很大的冲击，但是新的政策是对整个行业规范的提高与整顿，如何在传统行业竞争激烈的当下，使企业脱颖而出，谢国栋一直在坚持不懈，勇往直前。在装饰行业新的发展趋势下，谢国栋将节能环保、智能化、互联网思维带到传统的装饰行业中，同时加强企业内部的信息化管理，提升企业的市场竞争力，让企业在市场、经济快速发展的进程中，迅速地适应各种挑战与机遇。此外，随着经济的迅速发展，城镇化进程加快，房地产、建筑装饰业的发展也将得到快速发展，前景光明。

　　在五洲环球装饰公司逐步壮大的过程中，谢国栋还积极投入到文化、艺术的推广与传播工作中，同时成立了五洲人居、五洲文化等以文化传播为主的公司，积极参与行业内、行业外的学术研究、讨论以及各种形式的宣传与会议，为陈设艺术、设计艺术贡献着自己的力量。

## 以人为本，重视企业人才建设

企业文化作为价值链的重点环节，是增强企业竞争力的重要因素。优秀的企业文化能充分调动员工的积极性，促进员工能量的发挥，进而提高组织的运营效率，推动企业健康、良性发展。谢国栋结合五洲环球的情况并借鉴了很多优秀企业的经验，建立了以员工发展为中心的良性竞争文化，以人为本的制度文化，以学习为基础的互补文化，以用户为中心的诚信文化，以实现企业价值和个人价值相统一的奋进文化，以活力为动力的朝阳文化等一系列企业文化。

2005 年，谢国栋先生成立企业文化建设小组，并开展了系统的企业文化建设活动。经过 8 年的努力，已经形成了以物质文化、制度文化和精神文化等三个层面完善的企业文化。作为五洲环球企业文化挖掘、整理的组织者和领导者，他把企业参与者，即最广大的员工，放在了应该受惠于企业文化的首位。员工乐于在这样的企业氛围中贡献自己的努力和智慧，是企业文化的最大成功。就是这样的企业文化让企业的所有参与者万众一心地联系在了一起。

## 大爱无边，积极投身慈善事业

谢国栋先生拥有强烈的社会责任感，他一直秉承着为行业的发展贡献力量、坚持着致富思源、扶贫济困、回馈社会的精神理念。他认为，一个企业的责任感不仅体现在能够为消费者和客户提供优质的产品与服务，更能在公众困难的时候发挥企业的影响力与号召力，贡献自身力量，帮贫解困，实现社会价值，创办企业最重要的目的是为行业、产业乃至整个社会做出贡献。

谢国栋先生作为江西省青联委员和共青团江西省驻北京市工作委员会组织部长，时刻不忘自己所肩负的重要职责，紧紧围绕各个时期社会关注的民生问题，充分利用自己作为青年组织领导成员的优势，积极捐献资金和物资并把大量的精力和时间用于服务青年和投身社会公益事业，为促进青少年健康成长、促进社会和谐做出了重要贡献。

2009 年 5 月，作为北京大学光华管理学院学生，为四川汶川地震孤儿捐助了大量的学习用品和书籍。

2010 年 7 月，通过北京上饶企业商会和上饶市红十字会为家乡抗洪赈灾积极捐助现金。

2012 年 9 月，在共青团江西省驻北京市工作委员会组织下，和部分兄弟省市驻京团工委书记一同去井冈山学习，看望了当地的留守儿童和空巢老人，并送上了学习用品和慰问金。

在省驻京团工委领导组织下，去 304 医院探望了被烧伤的井冈山留守儿童。

谢国栋先生是一位勇往直前的行者，志存高远，坚韧踏实。工作中勇于创新和挑战，谦虚好学；生活中帮贫解困，贡献自身力量，实现社会价值；学习上孜孜不倦，勤奋执着，不断地充电学习，完善自我，挑战自我。

# 痴心追梦　无怨无悔

## ——记北京丰顺工贸集团董事长安钟岩

## 企业家档案

安钟岩，女，1959 年 3 月出生，中国民主建国会会员，2004 年毕业于北京财贸管理干部学院，研究生学历，现任中国女企业家协会法人代表、副会长，北京市人大代表，北京市女企业家协会会长，北京丰顺工贸集团董事长、总经理。

全国三八红旗手、北京市人大代表、北京市女企业家协会会长、丰台区女企业家联谊会会长、北京市机动车驾驶人培训行业协会会长、北京丰顺工贸集团董事长安钟岩，是一位致力于慈善公益事业的爱心人士。她不仅以"正德厚生臻于至善"的企业价值观履行社会责任，在投资兴业中吸纳困难群体、传播慈善文化，更以博大的襟怀和满腔热忱投身社会公益，从多年来累计千万余元钱、物的社会捐赠，到年逾半百的今天亲力亲为的志愿服务，安钟岩始终如一的爱的奉献，昭示了中华民族崇善的传统美德。

生活在金水桥畔、成长在五星红旗下的安钟岩，心有大爱；为良好的家风熏陶和潜移默化的安钟岩，懂得仁爱。国家遭受天灾，她慷慨解囊，倾心为国分忧；百姓需要帮助，她扶危济困，为民解难。当她得知房山区 40 户特困家庭看不到春节联欢晚会，当即购买了彩电相送；当她看到公安战士盛夏在值班室坚守岗位警服被汗水浸透，立即分三次送去 200 台空调解酷热之苦。她以人大代表身份调研时，看到居委会的大妈们冬天在寒冷的陋室中工作，立即送去燃煤取暖；看到丰台区残联的兄弟姐妹还在手写办公，立即捐赠了 58 套惠普电脑。她曾向全国妇联"母亲水窖"工程捐赠建设百口水窖的善款；她帮助退休老人组成"春光女子合唱团"，远涉维也纳，把《我和我的祖国》唱响在金色大厅，并荣获金奖；她曾送成套家具装点中华思源工程扶贫基金会办公室，支持该工程的寒窗计划；当她在"大宝真情互动"栏目看到家境贫困的励志女孩欧阳玉倩的境遇时，当即决定资助她，直至以优异的成绩完成学业走上理想的工作岗位。

安钟岩的爱是普施慈惠的博爱，是天性使然的真爱，是持之以恒、渐成序列、与时俱进、不断升华的大爱。从北京到外地，从城市到农村，从老百姓到人民子弟兵，从普通劳动者到莘莘学子，从孤寡老人到残疾儿童，都有她播钟在心田的爱的种子，都有她洒落在心底的温暖阳光。"三八"妇女节，她慰问环卫女工；"六一"儿童节，她牵挂着儿福院的孤残儿童；"九九"重阳节，她又去看望养老院的孤寡老人。

为了推动京津冀协同发展战略，她与妇联、区工会女工部一起，到了白求恩工作和牺牲的河北省唐县，将自己购买的各类书籍和全区女性家庭捐赠的 24000 册课外书送到黄石口乡 18 所贫困小学，当她看到学生们使用的课桌椅都是从家里自带的、而且残破不齐时，又为他们捐赠 200 套课桌椅。

2016 年 9 月 8 日，在中秋佳节和第 32 个教师节来临之际，怀着对无私的湖北十堰人民的敬仰和感激之情，安钟岩一行 23 人，沿着南水北调之路，星夜兼程，来到湖北十堰张家湾黄龙镇李家湾小学开展捐资助学活动。2016 年 9 月 10 日教师节当天，由北京市女企业家协会安钟岩会长发起，北京 4 家单位响应的"饮水思源"公益行动，在湖北省竹溪县文化体育中心举行。来自首都北京的女企业家共为竹溪县新建的图书馆捐赠图书 20 万册。

安钟岩作为北京女企业家协会会长，深知慈善事业任重道远，并整装待发，将为慈善事业做出新的更大的贡献。

# 在改革中追求精彩的掌舵人
## ——记北京金源投资管理有限公司董事长时文生

## 企业家档案

时文生，男，1961 年 5 月出生，中国共产党党员，高级经济师，1980 年参加工作，2003 年 9 月任北京金源投资管理有限公司总经理，2010 年 6 月任北京金源投资管理有限公司董事长。

### 勇挑重任，深化企业改革

2010 年他担任董事长时，全面实施组织机构融合，将原公司本部与隶属企业两级管理机构进行整合，建立了总部直接对门店、扁平化、垂直式管理的组织架构，组建了总部五部一室，完成了公司高管和中层管理人员的聘任工作。机构整合实现了减少层级、精简高效的体制改革目标。同时，还深化用人分配制度改革，组织实施了原公司本部和隶属企业两级管理人员择优上岗以及分流安置工作，两次共分流 41 人，分流率达到 38%。通过竞聘，强化了员工的危机意识和竞争意识，优化了管理人员结构，探索了发现、选拔人才的有效途径。在改革中，还实施了经营机构的整合，在充分调研的基础上，对 7 家小型亏损门店进行了关停并转，年增加收益 120 余万元；为了增强统配功能，易地建立了新的配送库房，库房增容近 2 倍。

### 创新经营模式，助推企业发展

时文生带领公司领导班子成员，凝聚集体的力量与智慧，提出了以"商品经营、物产经营、资本经营"为主线的"三条主线"发展战略。近年来，公司着力发展三条主线经营，做优商品经营主业，坚持牛街清真超市和正兴德特色经营，坚持生鲜加强型的社区经营定位，着力发展金源生活超市。超市系统用精心策划的营销促销方案、精挑细选的高性价比商品吸引消费者惠顾。正兴德茶叶整体稳步上升，老字号的知名度不断提高。2015 年初步尝试网络营销业务，拓展新的销售渠道。公司整合五年以来，商品销售收入持续增长，2015 年商品销售收入比整合之初的 2010 年增长 54%。物产经营以实现运营市场化、管理法制化、利润最大化和提高租金单位平效为目标，狠抓物产经营"短板"，逐步解决房屋租价水平低的问题。在资本经营中，坚持资产保值增值原则，不断探索资本经营的有效途径，实现了资本稳健运营和保值增值。

## 履行社会责任，创建和谐企业

时文生有较强的社会责任感，除保证企业依法纳税外，还积极参加各种社会公益活动。每年在开斋节前夕，都慰问牛街民族敬老院的老人，在开斋节当天为牛街地区及回民中学、回民小学生活困难的学生捐赠助学金。公司连续 13 年向民族学校开展捐资助学献爱心活动。

同时，他还采取多种措施，创建和谐企业。一是设立司庆日、集体创作《金源之歌》、创办《金源报》，积极对外宣传金源公司。二是积极开展送温暖活动，认真落实帮困工作，2015 年共计慰问在职职工及退休职工 114 人次，并按规定标准发放了慰问金。三是积极组织各种文体活动，丰富员工的业余生活。

时文生带领整个经营团队通过科学管理和不懈的努力，使金源公司各项工作取得了突破性的进展。企业经营业绩逐年提高，2015 年销售额比 2010 年增长了 27.70%。

# 转型变革　融合发展
# 积极构建一个有爱的区域商业生活服务中心
## ——记北京长安商场总经理、党委书记于娟

## 企业家档案

于娟，女，汉族，1972 年出生，1992 年加入中国共产党，毕业于北京交通大学，研究生学历，现年 44 岁。主要任职经历：1996 年 7 月～2007 年 11 月，任王府井集团百货大楼市场营销部经理助理、化妆珠宝采购部高级主管、食品部采购经理；2007 年 12 月～2013 年 8 月任王府井集团超市事业部总经理助理；2013 年 9 月至今任北京长安商场总经理，2015 年兼任党委书记，连续获得王府井集团"优秀共产党员"称号、王府井集团"先进个人""优秀管理者"和"巾帼之最——促销新招最奇特的人"，还获得西城区区域党员之星，并当选为月坛街道的妇女代表。

作为总经理，于娟肩负着企业经营管理和服务社会的双重责任，她带领长安商场干部员工，依法经营，照章纳税，信诺履约，并主动承担起社会责任，赢得了广大消费者的赞誉。长安商场连续多年来荣获了"北京市优质服务商店""残疾人保障金征缴工作先进单位""首都文明单位""北京市纳税信用 A 级企业""北京市质协质量信得过单位""安全生产三级认证达标企业""北京市首批出境退税商店""月坛地区养老助残优质服务商"。

（1）转型变革，勇于探索，努力构建一个引领时尚生活方式，创造生活品质与服务便利的类购物中心区域百货店。

在经营工作中，她依据长安商场的体量、所处区域特点、自身优势和劣势，依托母公司王府井百货集团的全渠道战略，进一步明晰了商场定位，努力将长安商场打造成满足目标顾客"衣食住行、知美健游"的类购物中心区域型百货商场。在她的带领下，商场相继开通了 518 电话订购热线，启动了

微信商城的建设工作，还利用时下最热门的蓝牙室内定位新技术 ibeacon 举办多次活动，成为集团范围内首家运用此技术的门店。多年来，商场始终将引领时尚生活方式，创造品质生活，提供高性价比、高匹配的商品与生活便利服务作为发展方向，成为月坛地区、西城区商业生活服务中心龙头企业。

（2）心系员工，关爱顾客，全力打造一个有爱商场。

作为一家已经走过 26 年风雨的企业，长安商场有着深远文化基础，并且拥有一个相对稳定的顾客群。而如何"创造顾客"，实现客户群的增量发展，是长安商场转型变革是否成功的一个重要标志。于娟同志坚持"以人为本"，传承"相亲相爱一家人"的家文化管理理念，她提出"爱是长安的味道，长安是爱的港湾，"无论是对待顾客、供应商，还是对待员工，都营造出一种亲人般的爱，并将"以德立商，以人兴业，以变图强"作为企业核心价值观。

在服务工作中，提倡"爱民、亲民、惠民、悦民"的服务宗旨，以顾客工作、生活中的每一个可能接触点作为需求发现和满足的立足点。让顾客感觉到长安商场不仅是简单的商品买卖场所，还是文化、健康、时尚的传播场所，是家庭美好事物传播的讲堂，是顾客共同爱好的组织者、参与者，是居民艺术作品展示的平台，是各种聚会的大 party。商场还通过特色活动和商品美陈的精心设计，把商场变成一个艺术角以及顾客的厨房、顾客的衣柜、顾客的化妆间……从商品外在的"价格刺激"转向顾客内在的"情感回归"，让一次购买行为转化成一种愉悦的情感体验，用员工与顾客的情感赢得顾客的共鸣，感动顾客的心，创造价值，构造一个有爱的商场。

在团队建设中，用"感恩、分享、利他、阳光、赋能、由内而外"的理念打造快乐工作团队。开展长安榜样评选，以先进力量激发团队正能量；举办创新成果评比活动，凝聚全员智慧与创新力量；建立总经理接待日制度，为员工解决实际问题；组织文体活动，增强团队协作，健步走、拔河比赛、春秋游等娱乐活动，丰富了员工生活，为工作带来了愉悦的心情。

（3）热衷公益，履行企业社会责任。

在长安商场的企业文化中，"创新生活，幸福员工，回报社会"的企业使命尤为重要，于娟同志在抓经营促管理的同时，始终不忘履行社会责任，她带领企业将服务送进社区，致力于为商场周边 26 个社区带来便利，覆盖率达 80%，制定出长安商场热心公益事业的常态化措施，为月坛地区残疾人士手工艺品及玉华残障人士康养中心设立义卖专柜，搭建长期服务平台，帮助残疾人解决生活困难，并组织商场会员及他们的子女参与社会实践活动；主动参加养老助残工作，开通老年人结算绿色通道，特别是每年的"共产党员献爱心""爱心助成长""爱在西城"等爱心捐赠活动已成为长效机制，为此也得到了西城区政府相关部门的赞扬。服务社会，服务大众，做一个有情怀、充满爱的商场。

在零售行业摸爬滚打了 20 年的于娟同志，不忘初心，以全心全意为消费者服务的思想，努力耕耘在工作岗位上，她勤业敬业，长期致力于推进零售业发展，她勇于创新，大胆尝试，在集团的统一领导下，努力探索出一条适合长安发展的经营之路，带领长安团队走在同行业前列，为推动企业发展发挥出一名企业引领者的积极作用。

# 弘扬工匠精神　传承国粹精髓
## ——记北京穆德天诚文化传媒发展有限公司总经理杨燕保贡献与事迹

## 企业家档案

杨燕保，男，54 岁，回族，中国共产党党员，大学文化，平版印刷高级技师，现任北京穆德信通印务有限公司、北京穆德天诚文化传媒发展有限公司、北京兴德融丰科贸有限公司法人代表、总经理。

### 实体经济弘扬"工匠精神"

杨燕保同志领导的穆德公司是一家以现代化印刷产业链为主导，创意设计、文化产品推广和展览展示等业务相结合的股份制公司。"诚信务实、锐意进取、以人为本、回馈社会"的发展理念，指引着这家"年轻"的公司不断发展。

改制后的穆德公司自 2006 年成立至今，杨燕保同志率领穆德团队始终秉承着"以实体经济为基础，以文化产品为内容，合作承载发展"的经营理念。历经十载，穆德公司的业务规模已从生产单一的票据产品印刷，发展成为以商业金融票据、彩色账单宣传品和各类信封产品为主导，集合文化创意产品、展览展示、自主品牌产品等多元化生产模式的现代型企业。目前，公司已具备 ISO9001：2008 质量管理体系和 ISO14001：2004 环境管理体系认证资格。2015 年 2 月正式通过了中国环境标志产品认证（CEC09878996383 - 1），成为绿色印刷企业。并连续三年保持"中央国家机关印刷采购招标定点单位"和"北京市政府印刷采购招标定点单位"。

杨燕保同志还非常重视企业人才的培养，注重引导员工学习"大国工匠"精神，力求精益求精，用心服务，用"深挖一锹"的理念打造精品，夯实基础。目前公司已培养了一支精干高效的管理团队和技术精湛的设计团队，从业人员从公司成立初期的 20 人，增加至 76 人，2015 年企业上交税金总额达到了 231.16 万元。

## 文化产品传承国粹精髓

为适应都市经济繁荣和社会发展的需要，穆德公司不断完善经营业务范围，搭建了以文化创意专属产品、展览展示、自主品牌研发等多元化生产模式的经营网络，提升了整体服务水平，整体业绩稳步增长。在原"北京穆德信通印务有限公司"的基础上，杨燕保同志先后出资设立"北京穆德天诚文化传媒发展有限公司"和"北京兴德融丰科贸有限公司"，把广告发布、代理、设计、文化服务和"星月牌"注册商标融为一体，经营服务延伸到广告传媒和纸制品销售领域。"北京联通广外兴德融丰合作厅"是公司创新商业运营模式的成功典范。

公司的"三九坊"品牌系列产品通过创新思维和不断提高的加工手段，将中华民族丰富的文化素材采集下来，不断地推出一系列令人耳目一新的文化创意产品，受到各层面客户的高度认可和喜爱，弘扬国粹精髓，融汇中西文化的精神品味，在作品中得到了完美的体现。

## 合作共赢夯实发展之路

公司在常年服务于中央和北京市各委办局的同时，与大型国企，商业银行、保险公司等金融保险行业始终保持着长期稳定的合作关系。

企业的长远发展，应该以"懂规矩，重感情"作为核心企业文化，树立"以人为本，利益兼顾"的指导思想和"公平合理，共谋发展，共享成果"的管理理念。因此，在不同的发展时期，公司带头人杨燕保同志始终倡导"工作上严要求、思想上多引领、生活上多帮助、成长上多培养"的人文理念，坚持把员工的根本利益放在首位，用真情打动员工，用爱心帮助员工，用能力领导员工。时刻鼓励员工，激发员工的工作热情，焕发员工的奉献精神，用实际行动践行着大家对穆德人的认同："让党和政府放心、让合作者和客户安心、让使用者舒心、让自己的员工开心"的四心称赞。

## 感恩回报肩负社会责任

杨燕保同志始终用真情温暖员工，包括为非京籍员工解决实际困难、协助属地政府安置残疾人员就业等，为员工营造"家"的温馨氛围，彰显了穆德公司管理者"德为先、能为本、勤为贵"的优秀品德。作为一名党员，还积极参加社会公共事务。目前，他分别担任北京印刷协会常务理事、工商联牛街分会副会长、地区党风廉政监督员等职务。他表示：切实履行职责，积极建言献策，是自己义不容辞的责任。同时，带领穆德团队在"建设美丽西城"中，做出应有的贡献。

# 后　记

　　北京市优秀企业家和北京市优秀创业企业家（简称"双优"）评选活动是经北京市委、市政府批准的由北京企业联合会组织的市级社团组织评比达标表彰项目，每两年举办一次。主要是通过表彰优秀企业家和优秀创业企业家，弘扬北京企业家开拓进取、勇于创新的精神，促进企业家队伍健康成长，为我市经济社会发展做出更大贡献。

　　根据 2015－2016 年度北京市优秀企业家和北京市优秀创业企业家先进事迹，我们编写了这本书。参与编辑工作的人员有：韩惠，康小青，盛翔燕，王大俊，肖刚，周树闻，刘端。

　　本书的编辑出版工作得到了北京银行、北京市经济技术开发区企业发展服务局、四海华辰科技有限公司、北京市西城区企业和企业家联合会的大力支持，在此致以衷心感谢！由于时间仓促，书中出现疏漏和不尽如人意处在所难免，恳请各界人士提出宝贵意见和建议。

编　者

2016 年 11 月 10 日